현대신서
155

고전 할리우드 영화

자클린 나카시

최은영 옮김

東文選

고전 할리우드 영화

JACQUELINE NACACHE
LE FILM HOLLYWOODIEN CLASSIQUE

© Éditions Nathan, 1998

This edition was published by arrangement
with Éditions Nathan Press
through Sibylle Books Literary Agency, Seoul

서 문

  고전 할리우드 영화는 연대학상 대형 스튜디오들의 성립과 쇠퇴로 제한된, 다시 말해 대략 1910년대말에서 1950년대말까지가 해당된다. 이 파란만장한 스토리가 '고전'이라는 수식어를 받는 데에는 여러 시대와 여러 편의 대표작 그리고 대수롭지 않은 것들의 소멸이 다수 필요했다. 그리고 할리우드 시스템의 격정적인 설립, 무성 영화의 황금기, 스튜디오들의 전성기, 그리고 스튜디오의 종말을 알려 주는 모든 신호들이 필요했다. 또한 일련의 기나긴 반론과 변칙 그리고 예측이 불가능한 결합이 필요했다. 모든 고전주의가 그 시대에는 새롭고 상상을 초월하는 것으로, 괴상한 것으로까지도 생각되는 현상들의 합에 의해서 생성되었기 때문이다. 할리우드 고전주의는 생성되는 데 30년이 걸렸고, 아직 소멸되지 않아서가 아니라, 그와는 정반대이기 때문이다. 할리우드 고전주의가 수공업에서 산업으로, 침묵에서 대화로, 흑백 영화에서 컬러 영화로 단호히 변천했기 때문이다. 미국의 가장 위대한 영화인들이 유럽 출신이기 때문이다. 이와 관련해서는 유순한 측면과 반항적인 측면이 있었고, 그 두 측면이 매우 감동적인 작품들에서 비롯되었기 때문이다. '스튜디오'라고 일컬어지는 시네마는 독자적인 방식으로 만들어진

다수의 영화를 포함하고 있기 때문이다. 아직도 사용되고 있는 모든 법칙은 자기 고유의 항체를 발산했고, 그리고 오손 웰스 작품의 현대성이 할리우드 내에서도 관례의 거부로 생겨났기 때문이다. 무슨 말을 하는지 안다고 생각하기에 계속해서 할리우드 영화를 참고하기는 하나, 그래도 할리우드 영화가 이해하기 아주 어려운 자료집이라는 이유를 한없이 열거할 수 있을 것 같다.

설령 그것이 사라져 버린 나머지 잠재적 기준에 불과하다면? 완고한 연구자나 영화 팬에게는 하나의 환상에 불과하다면? 물론 그렇지는 않다. 그것이 영화가 존재해 온 주된 이유는 아니었지만 그래도 몇십 년 동안 할리우드 영화들이 제작과 영화 형태의 발달에 상당한 기여를 했기 때문에 그렇지는 않다. 할리우드 영화의 대단한 기여가 이 책에서는 전체적으로 연구되지 않겠지만, 그러나 가장 정확한 용어의 의미로, 그리고 당연한 것이겠지만, 불완전하고 편파적이며 대개 저자를 공격하는 선택을 통해 접근하게 될 것이다.

우리의 초기 가정은 최근에 나타난 모든 견해 속에서 진술되고 있는 주장일 것이다. 그 주장에 따르면 할리우드 영화의 성공은 무엇보다도 미국의 자본주의 산업의 모델을 바탕으로 해서 완성된 **제작 방식**(mode de production)의 승리이다. '스튜디오들'인 경제적 트러스트로 이루어진 조직은 1920년대말부터 1950년대말까지 할리우드 제작의 풍부함과 규칙성을 결정했을 뿐 아니라, 또한 성급하게 지배적인 스타일로 단순화시킬 필요가 없는 여러 스타일과 미학도 결정지었다. 그 조직은 규범을 엄격하게 정해 놓음으로써 영화인들이 그 규범들을 있는 그대로 받아들이든 거부하든 상관없이 많은 영화인들이 그들 재능의 진가를 발휘할 수 있도록 해주었다. 왜냐하면 이런 제작 시스템이 수많은 영화인들에게는 그들의 자유를 상당히 제한하는 것으로 이해되었고, 지금은 할리우드의 순수한 발현물로 간주되고 있는 몇 편의 영화들도 이런 시스템에 맞서서 만들어졌다는 것을 모르는 사람이 아무도 없기 때문이다. 이익 추구를 근간으로 하는 '스튜디오 정책'의 목적은 아니었을지라도 그런 제작 방식은 할리우드 영화에 맞는 현실을 표현하는 유형, 즉 **구현 방식**(mode de figuration)을 만들어 냈다. 구현 방식의 구상과 일관성은 대개 제작 시스템의 특수한 양상과 연관되어 있다.

일단 이런 입장을 기본적으로 취한다면, 문제는 제기된 상태이다. 할리우드 제작 방식에 대한 조사는 질적으로 선별하지 않고 이 시스템을 통해 만들어진 영화 전체——개혁자들과 스타일리스트들의 작품과 똑같이 자료 설정에 참여하고 있는 이류 작가들의 작품, 여기에 하청업자들의 풍성한 작품[1]——를 검토했기를 요구할 것이다. 그러나 할리우드의 구현 방식이 가장 인상적이고 완벽하게 전개되고 있는 곳은 바로 이 스타일리스트들의 작품 속에서이다.

이런 모호성을 제거하거나 축소시키는 게 바람직해 보이지 않았다. 모호성은 미국 영화를 이해하는 데에 꼭 필요하다. 미국

---

1) 이 문제에 직면하고 있는 《고전 할리우드 시네마》의 저자들은 모험을 하는 식으로 자신들의 문집들을 구성하였다. J. 오몽·M. 마리, 《영화 분석》, **Nathan Université**, p.188 참조.

영화는 훌륭한 장인들에게처럼 예견력이 있는 천재들에게, 추종자들에게처럼 창작자들에게, 의식적인 모방자들에게처럼 영감을 얻은 시인들에게 항상 길을 터 주었기 때문에 지금의 모습을 지닌다. 따라서 모호성은 다음과 같은 이중의 관점을 근간으로 하고 있는 이 책의 진행을 이끌어 갈 것이다.

— **표현 방법 유형의 접근**(approche de type rhétorique)이라는 간접적인 수단을 이용해 영화의 핵심을 건드려 보는 연구. 이는 매우 자유롭고 핵심을 다루고 있다. 이 경우 우리는 **반복해서 사용되고 있는 여섯 가지 수사**(figure)를 고려했다. 여섯 가지 수사는 특별한 방침에 따라 강력한 정체성을 갖춘 작품들과 장르들을 검토할 수 있는 경우를 제공해 주는데, 그 여섯 가지란 **익살**(gag)·**생략·스타 등장·플래시백·서스펜스** 그리고 **해피엔드**를 말한다. 다른 한편으로는 할리우드의 이야기에서 일반적인 경향들을 끄집어 낼 수 있게 해준다.

— **여러 가지 영역의 종합적인 접근**(approches transversales, synthétiques). 이 접근 방식은 보다 폭넓은 문제 제기로 할리우드의 분야를 밝혀내고 있으며, 엄밀하게 말해 '작가주의적인' 태도와 관련해 어떤 탁월함을 잴 수 있게 해주고, 할리우드 영화의 지배적인 주된 관행에 대해, 즉 **영화 장르들, 문학 각색, 초대작**(超大作), 영화 음악 그리고 **뮤지컬 영화**에 대해 현 상황을 분석할 수 있게 해주기 때문에 채택되었다.

기본적으로 아주 단순한 후자의 접근은 특별한 설명을 필요로 하지 않지만, 반면 전자의 접근은 항상 어렵게 사용되는 용어인데도 불구하고 영화와 관련해서는 일반적으로 사용되는 **수사**라는 용어의 개념에서 헤어나지 않기를 바라고 있다. 구어——수사학 없이 미화되지 않고 단순하게 존재할 수 있는 구어——의 미화를 위해서는 일상적인 표현 방식일 수밖에 없는 수사는 영화 언어의 근간이며, 그리고 수사에 관한 모든 개발은 사실 구현 영역(ordre figural)에 속한다. 편집, 편집 효과와 편집 기법들, 연결성 장면들, 페이드인, 구성 선택, 장면의 단계와 무대의 조명, 시나리오의 구성, 이런 모든 것들은 "모든 표현 방법의 궁극적인 목적에 맞게 기쁨을 주거나 감동을 주기 위한 목적으로 계산된 효과들" 위에서 만들어지고 있다.[2] 이 책에서는, 영화의 가장 위대한 수사학자들은 분명 영화 언어를 **창조했던**(창조하고 찾아낸다는 이중적인 의미에서) 그리피스나 에이젠슈테인 같은 사람들이다.

그러나 구어 속에서처럼 도상(圖像) 수사들은 관객이 도상 수사의 수사학적인 가치와 그것들을 지배하고 있는 관례들을 인지하지 못한다는 점에서 약화되고 무미건조해졌다. 예를 들면 처음부터 복잡한 형태인 **플래시백**이나 **서스펜스**의 경우가 그러하다. 플래시백과 서스펜스의 효과는 관례적이 되는 것만큼이나 쉽게 판독될 수 있다는 점에서 퇴색되어 갔다. 이같은 효과 감소는 빠르게 진행되었고, 그 때문에 영화 언어는 한 세기 동안 급속한 진전을 보았다.

이 책에서 채택하고 있는 여섯 가지 수사는 대부분 영화 서술 초반부터 만들어졌으므로(그리고 대개 문학적으로 '과거'를 지니

---

2) 자크 거스텐콘, 〈불꽃〉,《현기증》, 〈시네마 표현 방법〉, n° 6/7.

고 있었으므로) 그 모두가 허구 영화의 상투적인 표현들이 되었다는 사실에 채택되었다. 그럼에도 불구하고 그 수사들은 계속해서 할리우드 거장들의 작품 속에서 풍부하고 독창적이고 함축적으로 사용되기에 적절한 것이었다. 따라서 이 책에서 검토하는 수사의 폭은 주목할 만한 작품들과 미국 영화의 표현이 담긴 영상 전체를 떠올리도록 해준다.

미국 영화인들 모두가 세련된 수사학자들은 아니라고 누군가 말할 것이다. 그 말은 맞다. 그렇기 때문에 우리가 채택한 방법은 기본적으로 아주 유연하며, 장점과 단점을 가지고 있다. 한편으로 그 방법은 독자가 자기 마음대로 차용해 볼 수 있는 상당수의 접근을 통해 할리우드 시네마를 **공격하고 있다**. 다른 한편으로 작품의 재편성이나 작품들에 특권을 부여하는 조명들은 **할리우드라는 빙산의 일각**만을 보여 주고 있다. 이는 방대한 역사적·미적 전체에 대한 완전한 접근을 하기에는 어려움이 따르기 때문이다. 분명한 건 장(章)의 모두(冒頭) 리스트는 마음대로 늘어질 수 있다는 것이다. 따라서 할리우드 스타일은 무수히 다채로우며, 그러므로 각각의 시대, 각각의 장르, 각각의 저자에게는 독특한 수사학이 있기 마련이다. 이런 다양성을 모두 밝히는 것은 이 책의 소망을 넘어서는 것 같다. 이 책은 다만 능력이 되는 범위 내에서 호기심과 발견을 고무시키고, 단순한 매혹에서 분석으로 이끌어 주는 길로 독자를 인도하기만을 바리며, 영화를 공부하는 학생이 할리우드의 완벽에 직면했을 때 다른 사람들과 똑같은 평범한 관객이 되지 않기를 바랄 뿐이다.

차 례

서 문 ─────────────────────────── 5

서 론 ─────────────────────────── 15

제1장 할리우드, 장르의 세계 ─────────── 25
1. 장르 판별 ─────────────────── 26
2. 할리우드를 생각하게 하는 장르들 ─────── 30
3. 제작 방식의 효과들 ──────────── 32
4. 장르 영화의 발달과 변화 ──────────── 38

제2장 희극적인 효과: 개그의 측면들 ─────── 43
1. 할리우드 영화의 초기 기적 ──────────── 43
2. 개그와 서스펜스: 희극적인 효과 분석 ────── 47
3. 익살극 이후 ──────────────── 52

제3장 생략, 또는 빈 공간의 매력 ─────────── 57
1. 복합적인 수사 ───────────────── 57
2. 빠른 편집의 법칙 ─────────────── 62
3. 에른스트 루비치: 생략의 기술과 수단 ────── 71
결론: 현대성의 증거 ───────────── 80

제4장 스타들의 몸: 수사의 출현 ─────────── 81
1. 스타 시스템의 정책 ──────────── 81
2. 예외의 수사 ─────────────────── 84
3. 스타들의 몸을 연출하기 ──────────── 87
4. 필연적인 존재의 조절 ──────────── 92

제5장 히치콕과 서스펜스 이야기 — 100
1. 서스펜스=이야기? — 101
2. 히치콕식 서스펜스의 단계 — 104
3. 시간·편집·공간 — 107

제6장 플래시백: 과거의 음성 — 117
1. 플래시백의 기능을 지닌 시네마 — 118
2. 플래시백의 가치 — 121
3. 《시민 케인》의 서술 혁신 — 128
4. 맨케비츠와 과거 탐색 — 131

제7장 각색: 텍스트의 지배 — 137
1. 할리우드 영화의 이중 출처 — 137
2. 문체의 강박 관념 — 140
3. 할리우드 영화의 문학적인 요소 — 144

제8장 영화의 음악, 뮤지컬 영화 — 152
1. 영화 서술의 구성 요소 — 153
2. 뮤지컬 영화의 미국 전통 — 157
3. 뮤지컬 영화, 서술성과 사실성 — 162
결론: 부스러기 유산 — 167

제9장 삶보다 큰: 초대작 — 169
1. 각각의 역사적 단계의 초대작 — 170
2. 스튜디오들의 상황과 관련되어 있는 현상 — 172
3. 두 팔을 가진 할리우드 바보 — 175

제10장 해피엔드: 그들의 생이 끝날 때까지 행복하다 — 181
1. 할리우드 해피엔드의 기능 — 181
2. 해피엔드와 할리우드의 이데올로기 — 186

3. 해피엔드의 형식과 의미 ——————————— 189
   4. 프리츠 랑과 해피엔드 문제 ——————————— 195

결 론 ——————————— 201

   참고 문헌 ——————————— 206
   역자 후기 ——————————— 213
   색 인 ——————————— 215

서 론

선사 시대

1893년 토머스 에디슨이 키네토그래프(kinétographe: 영상을 녹음하지만 질이 나쁜 영사만이 가능하다)와 개별적인 영사만이 가능한 뷰어 키네토스코프(kinétoscope)의 특허를 받았다. 에디슨은 자신의 발명품의 미래를 별로 신뢰하지 않아서인지 국제 저작권을 확보하기 위해서는 보잘것없지만 꼭 내야 하는 비용을 지불하지 않은 것 같다. 키네토스코프는 순회 형식으로 활용되었다. 다시 말해 키네토스코프를 페니 아케이드(penny arcades)에서, 즉 정기적으로 서는 시장의 도박장에서 보았다.

프랑스에서는 뤼미에르 형제가 시네마토그래프(cinématographe)를 발명했다. 1895년 12월 28일 그랑 카페의 '인도 살롱'에서 대중적인 첫 유료 상영이 있었다. 이후 이는 역사적인 사건이 되었다. 뷰어의 시대는 지나갔다. 에디슨은 아멧과 젱킨스의 영사기 바이타스코프(Vitascope)를 자기 이름으로 특허받았다.

1896년 4월 23일 브로드웨이의 코스터와 비얼스에서는 바이타스코프 에디슨의 첫번째 대중 상영이 성공리에 개최되었다. 그러나 에디슨은 바이타스코프 에디슨을 상업화하는 데 지체했고, 경쟁(바이오그래프사·바이타그래프사)에서 밀렸다.

영사기의 출현은 관객이 1니켈(5센트)로 한 프로그램을 볼 수 있는 영화관인 니클로디언의 증가를 확산시켰다. 제작과 배급을 하는 작은 회사들이 아주 빠르게 생겨났다. 대부분 예전에 상인이었던 유럽 출신 이주자들은 니클로디언을 이익이 되는 흥행에 과감하게 끌어들였다. 그들이 바로 레믈리·폭스·주커·워너이다. 그들은 미래의 할리우드 티쿤(tycoons; 대부호들)이다.

에디슨은 화가 났다. 영화 분야에서는 독점적인 특허권을 자신이 가지고 있으므로 발명품들을 상업화할 수 있는 권리는 자신 말고는 그 누구도 가질 수 없다고 생각한 듯하다. 그건 '특허권의 전쟁'이었다. 막대한 재력을 마음대로 사용했던 에디슨은 경쟁자들이 자신의 수중으로 떨어질 때까지 그들을 괴롭혔다. 이들 회사들이 모두 모여 1907년 MPPC(Motion Picture Patent Company)를 만들었고, 사람들은 이를 지체 없이 '에디슨 트러스트' 혹은 '트러스트'라고 부른다.

트러스트의 독점적이고 아주 준엄한 관습들은 **독립적인 영화관 경영자들**(exploitants indépendants)의 저항을 초래했다. 가장 번창하던 영화관 경영자들은 트러스트의 감독에서 벗어나기 위해 자신들만의 영화 제작에 나섰다. 그 첫번째 대열로 나선 사람이 바로 독립영화사(Independant Motion Picture Company: 후의 유니버설)의 설립자인 칼 레믈리와 윌리엄 폭스이다. 트러스트와의 새로운 전쟁이 법원 소환과 제작에 관한 대립을 통해 시작되었다.

그때까지 뉴욕에 기반을 두고 있던 영화사들은 캘리포니아 쪽으로 이동하기 시작했다. 어떤 영화사들은 에디슨의 수중에서 벗어나기 위해서, 그리고 대부분의 영화사들은 특수한 기후적·지리적 조건과 비싸지 않은 거대한 땅 그리고 노동조합을 아직 모르는 값싼 노동력을 이용하기 위해서 캘리포니아 쪽으로 이동하기 시작했다.

트러스트는 독립적인 기반을 갖고 있는 사람들에게 본의 아니게 이익을 주었다. 바이오그래프사의 그리피스와 바이타그래프사의 스튜어트 블랙턴을 제외하고는, 그 누구도 그곳에서 대중의 요구에 좀더 부합하는 공연물들——길고, 화려하고, 배우들이 가득한——을 영화화하려는 목적이나 예술적인 연구를 추구하지 않았던 것이다. 매우 과감하게 레믈리와 주커는 **스타 시스템**을 추진했다. 주커는 페이머스플레이어스 영화사를 설립해 사라 베른하르트와 함께 장편 영화 《엘리자베스 여왕》에 자금을 댔다. 독자적인 기반을 가지고 있는 사람들의 상업적·예술적·진취적인 기상은 결국 영화가 순회 공연을 하던 시기에서 벗어나게 해주었다. 반독점 기업 소송의 타격을 받고 있던 **MPPC**는 1918년에 공식적으로 해체되었다. 그러나 오래 전부터 **MPPC**가 인간의 가치에 대해 예상했던 것은 모두 독립적인 사람들의 진영과 아주 유사했다.

제국의 건설

주커와 제시 라스키는 거대한 제작·배급 회사(미래의 파라마운트사)를 설립한 첫번째 사람들이다. 그들은 그 거대한 제작·배급 회사를 이용해 돌파구를 제시했다. 예전에 트러스트의 전략이었던 것을 모방해 주거나 영화관 경영자들에게는 블록부킹(block-booking; 배당금을 통한 영화 임대) 같은 관행을 정착시키고, 특히 1920년대말에는 1천 개 이상의 영화관을 매입하면서 영화관을 통제하는 지배적인 위치를 가지게 되었다.

성공의 비결은 잘 알려져 있다. 즉 성공을 위해서는, 영광스러운 파라마운트사처럼, 스튜디오가 영화의 상업적인 모든 채널, 즉 선제작에서부터 영화관의 팝콘 판매까지 모두 통제해야 한다는 것이다. 이것이 바로 1930년대 내내 모든 스튜디오들이 실현코자 했던 **계층적 통합**(intégration verticale)이다. 1930년대 초기에 나타난 이런 상황은 약간의 변화가 있었던 것을 제외하고는 약 25년 동안 지속되었다.

빅5는 제작과 배급 그리고 영화관 유통의 구조를 동시에 소유하고 있는 대규모의 5개 회사(**메이저들**)를 말하며, 파라마운트 · 로우스(MGM) · 20세기 폭스 · 워너브러더스 · RKO(Radio-Keith-Orpheum)이다. RKO는 대형 스튜디오 중에서 가장 나중에 생겨나 가장 먼저 사라졌다.

리틀3는 수식어만 착각을 일으킬 뿐 실상은 메이저들이다. 유나이티드아티스츠 · 유니버설 · 컬럼비아가 여기에 속한다. **빅5**와의 주된 차이는 영화관을 소유하고 있지 않다는 점이다.

이런 막강한 힘을 가진 8개의 스튜디오들은 다음의 독자적인 제작사들을 결코 제거하지 못했다.[1]

---

1) 독자적인 제작의 복잡한 문제에 대해서는, 《포지티프》 317-318호에 있는 카프라의 텍스트를 참조. 그 텍스트는 피에르 베로노의 훌륭한 연구에 이어, 독립 제작자들의 미래를 대단히 신뢰하고 있다.

— '비정형적인 독립 제작사들,' 그리고 제일 먼저 하나에서 열까지 자기 영화의 제작에서 배급까지 모든 것을 일찍부터 통제했던 채플린.

— 만화 영화의 '메이저'인 월트 디즈니의 스튜디오들.

— 저예산 영화를 전문으로 하는 포버티 로우(Poverty Row; 빈곤의 거리)라 불리는 스튜디오들. 이들 스튜디오 중에서는 모노그램과 리퍼블릭이 두각을 나타내고 있다.

— 위대한 독립 제작자들, 즉 새뮤얼 골드윈과 데이비드 O. 셀즈닉은 자신만의 스튜디오를 가지고 있었고, 자신들의 계획에 전적으로 자금을 댔다.

— 이외의 제작자들. 월터 왱거와 홀 월리스 같은 제작자들은 재정과 배급의 측면에서는 메이저의 지지가 필요했다. 이와 똑같은 조건 속에서 많은 배우와 연출가들(카프라·와일러·스티븐스·포드·매커리·캐그니·보가트 등)이 자신들의 회사를 만들었다. 이런 현상은 전후에 증가했고, 예술적 자유에 대한 욕구가 증가하고 있음을 나타내는 듯했다. 그리고 예술적 자유에 대한 욕구는 **스튜디오 시스템**이 사라지기 시작한 만큼 더더욱 간절했다.

할리우드, 기술과 역사

1910년부터 1960년까지는 할리우드 영화가 생성하고 번창한 시기로, 기술적인 사건과 특히 역사적인 사건들로 인해 항상 불안했다.

미국이 전쟁에 참여하면서부터(1917), 제1차 세계대전은 할리우드에 애국심을 부추겼다. 그리피스·채플린·세네트 모두가 '그들의' 전쟁 영화를 찍었음에도 불구하고, 반독일 선전용 영화의 대부분은 꾸밈이 없는 조잡한 기법보다는 영화의 품질 때문에 별로 두각을 나타내지 못했다. 이 기법을 이용해 그들은 독일 사람에게 역사적인 악인의 원형을 만들어 주었다.

1920년대말은 유성 영화가 필연적으로 나타났다. 그 시기에는 별로 보잘것없던 워너가 신기술에 투자를 했고, 빅5 사이에서 입지를 굳혔다. 어떤 어색함이 나타나는 적응 시기를 거친 다음 기술은 향상되었고, 1930년부터 할리우드는 소리를 만드는 모든 가능성에 투자를 했다.

1930년대의 미국은 또한 대공황·루스벨트·뉴딜 정책의 시기였다. 영화가 비록 역경을 딛고 결국 다시 일어서기는 했지만, 이런 여건 때문에 실패를 했다. 위기를 직접적으로 다룬 영화는 거의 없었지만, 그러나 워너의 사회 영화나 카프라의 이상주의적인 우화 속에서는 그 반응이 명백하게 울려퍼졌다. **MGM**의 역사 영화나 디즈니의 만화 영화(《아기 돼지 삼형제》)에도 자유와 존중 그리고 인간의 성숙을 담고 있는 인권을 바탕으로 한 윤리가 그려져 있다.

1920년대부터 할리우드는 지속적으로 미국에서 일하고 싶어하는 유럽의 아티스트들(루비치·무르나우·시외스트룀·스틸러……)을 초청하거나 맞이하였다. 그리고 이런 개방은 언제나 할리우드가 가진 하나의 장점이었다. 유럽에서 전제주의 체제가 대두되는 동안에는 이러한 이주가 정치적인 성격을 띠었다. 랑·브레히트·디테를·프레민저 그리고 이외의 많은 예술인들이 나치즘을 피해 도망쳤던 것이다. 유럽 지역의 사건에 대해 경계를 가장 많이 하던 할리우드 인사들은 좌파의 정치적인 운동으로 단결하였다. 그러나 스튜디오의 책임자들은 전통적으로 보수주의자들이었고, 전쟁의 주축을 이루고 있는 국가들의 시장이 닫히는 것을 원치 않았다. 바로 이런 이유와 몇몇 다른 이유들이 영화가 나치즘에 대한 비난에, 적어도 1942년까지는, 상당히 미온적이었음을 잘 설명해 주었다. 처음이었기 때문에 할리우드는 당시 가장 열렬하게 전쟁에 참여했다. 1942년과 1944년 사이에는 거의 4백 편에 달하는 영화가 다소 솔직하게 애국적인 주제를 담고 있었다.

평화가 있은 뒤에는 냉전 시대였다. '반미활동위원회'는 1947년부터 '목격자들'에게 공산주의 노선이라고 의심이 가는 사람들의 명단을 넘기도록 강요하면서 영화계에서의 공산주의에 대해 조사했다. 그들(특히 시나리오 작가들) 중의 10명이 대답을 거부했고, 감옥에서 1년을 보냈다. 매카시즘[2]과 '마녀 사냥'은 미국을 뒤흔들었다. 1951년에는 새로운 위원회들이 밀고를 독려했다. 몇백 명의 이름이 '블랙리스트'로 작성되었고, 몇백 개의 경력이 제거되었다. 그리고 어떤 이들은 실업에 대한 두려움 때문에 매카시 위원회의 가증스런 압력에 굴복했던 것을 수치스러워했다. 이런 슬픈 경험은 할리우드의 모든 재능을 비우지는 못했지만, 그러나 영화의 중심지에는 상처가 되었다.

---

2) 1950년대 전반에 미국을 휩쓴 극단적인 반공 운동. 〔역주〕

스튜디오들의 쇠퇴와 새로운 할리우드의 상황

할리우드의 제작 시스템은 사실 1930년대말부터 위협을 받았다. 빅5가 노린 독점은 한편에선 당사자들의 분노——루스벨트 시대에는 독점적 시장 지배력을 지닌 대기업에 반대하는 옛 법규들이 다시 효력을 발휘했다——를, 다른 한편에선 독자적으로 관리하고 있는 영화관 경영자들의 분노를 야기시켰기 때문이다. 질적으로 우세하지는 않지만 수적으로는 독자노선을 걷는 영화관이 더 많았다. 1940년부터는 국회의 결정을 통해 스튜디오들에게 블록부킹 관행과 새로운 영화관 건축을 제한했다. 1949년 오랜 소송 끝에 파라마운트는 상당수의 영화관과 분리될 수밖에 없었고, 곧 이어 모든 메이저들이 파라마운트를 따라할 수밖에 없었다. 즉 **결별**(divorcement)이 이루어졌던 것이다.

같은 시기 즈음에 영화관을 빈번하게 드나들던 관객수가 현격하게 줄었다. 미국인들의 생활 방식이 변했고, 텔레비전에 대한 매력이 증가되었기 때문이었다. 영화는 자신이 가장 잘 알고 있는 무기로, 스펙터클이라는 무기로 자기 방어를 했다. 삼색판 테크니컬러(technicolor)는 이미 1935년부터 제작에 널리 사용되어 왔었고, 여기에 입체 음향술과 대형 화면——시네라마(Cinérama)·시네마스코프(Cinémascope)·비스타비전(Vistavision)——그리고 대형 화면으로 생겨난 화려한 아름다움이 덧붙여졌다. 하지만 막대한 자금이 들어가는 초대작들은 미국 밖에서, 특히 이탈리아의 치네치타 스튜디오에서 자주 촬영되었다. 거기서는 비용이 적게 들었고, 이탈리아에서의 촬영은 전쟁중에 그리고 전후에 유럽에서의 영화 수출의 급격한 하락을 상쇄해 주었다. **도피 제작**(runaway production)은 캘리포니아 노동조합들의 분노를 자극했으며, 유럽 전체를 재현해 두었던 할리우드의 촬영 장치들을 확실하게 포기하도록 만들었다.

영화는 평화로운 공존을 위해 바르고 정당하게 보호받았다. 즉 영화와 텔레비전은 서로를 필요로 했던 것이다. 메이저들은 예전 영화들을 판매하기 위해 계열 회사를 만들었고, 1950년대 말 그들의 주수입원이 됐던 텔레비전용 프로그램과 영화를 제작할 수 있도록 변화했다.

1960년대에는 스튜디오들이 통제할 수 없었던 상황(외국과의 경쟁, 활발한 독자적 제작)을 극복할 수 있는 상응물을 충분히 가지고 있지 못했다. 대부분의 스튜디오는 아주 다양한 활동을 하는 다국적 대기업들에게 매각되었고, 영화는 다국적 기업이 경영하는 한 부문에 불과했다. 그러나 초대형 영화들에 대한 정책은 계속되었다. 막대한 실패로 인해 유나이티드아티스츠(《천국의 문》)가 **MGM**에게 매각된 반면, 대성공은 폭스(《스타워즈》)나 유니버설(《*E.T.*》)에게 어김없이 자금을 지원해 주었다. 오늘날, 흥행에 성공한 영화는 **머천다이징**(예를 들어 《쥬라기 공원》의 인물들이 새겨진 다양한 물건들과 기발한 제품들), 음반·비디오 출시, 텔레비전에 판매되는 각색 저작권…… 등과 관련해 상업 집단의 핵심이 되고 있다. 예전의 기업 집중은 현대화되었다.

이제는 영화관을 통제하는 것이 중요한 게 아니라…… 영화에 대한 개념부터 시작해 거실의 비디오테이프 녹화와 영화를 보게 될 텔레비전 수상기, 비디오테이프, 오리지널 음악이 디지털화될 컴팩트디스크, 또는 가까운 미래에 전세계의 텔레비전 모델이 될 수도 있을 고화질 방식에 이르기까지, 채널 전체를 통제하는 것이 중요하다. 주커가 그 시대에 영화와 영화관을 소유했었을 뿐 아니라 더불어 필름과 릴, 렌즈와 영사기, 스크린 천과 영화를 스크린에 전달해 주는 광속까지 생각해 자체적으로 만들었던 것처럼 말이다……. 미디어의 통합 과정이 그렇게 큰 규모에 이르렀던 적은 한번도 없었다.[3]

영화사들은 충격을 흡수할 수 있는 막강한 컨소시엄으로 다시 소생했으므로, 1980년대말부터는 계속해서 영화관들을 사들임으로써 일종의 새로운 할리우드 상황을 다시 만들고자 하는 목표를 가졌다. 새 단장을 함으로써 권위를 회복했다. 즉 대형 스튜디오들의 오래된 로고는 새롭게 단장을 해 간결하게 상징적인 의미만을 담았다. 그리고 동원할 수 있는 향수는 모두 다 사용하고 있다. 전체적으로 볼 때 미국의 영화는 썩 훌륭하지는 않았지만, 할리우드는 불사조처럼 계속해서 기적적으로 회생하였다.

---

3) C. M. 보세노·J. 거스텐콘, 《할리우드, 꿈의 공장》, p.125.

1
할리우드, 장르의 세계

 '장르'의 분류는 수사학상 그리고 문학 작품상 그리 다양하지 않게 이루어졌는데, 영화에 적용해 본 '장르' 분류는 그보다 훨씬 더 적다. 영화의 '장르' 분류는 '똑같은 형식의 다양한 표시들'[1]을 포함하고 있으므로, 오히려 대중 소설 문학(탐정 소설·멜로 소설·판타지 소설·모험 소설·역사 소설 등)에 실시한 분류와 유사해 보인다. 이는 별로 놀라운 사실이 아니다. 할리우드 영화는 장르 문학——할리우드 영화는 각색을 할 때 흔히 장르 문학의 도움을 받고 있다——과 상당한 공통점을 지니고 있고, 특히 가장 많은 대중에게 호소한다는 소명을 지니고 있기 때문이다.

---

1) J. -L. 뢰트라, 《예상되는 영화: 스토리》, 나탕, 1992, p.68.

1. 장르 판별

포함, 배제

　정의에 관해서는, 《영화 읽기》(1980, p.110)[2] 안의 〈장르〉에서 마르크 베르네가 잘 말하고 있다. 장르는 '필수 사항과 금지 사항'에 의해 규정된다. 즉 어떤 요소들은 그러하다고 인정받을 수 있도록 장르 속에 드러나야 하고, 어떤 요소들은 '배제되는 것처럼 포함되어' 있는 '장르의 규칙'을 위반하면 벌받는다는 조건하에 모습을 나타내서는 안 된다. "예를 들어 탐정 영화 속에는 주인공이 노래하고 춤추는 에피소드가 있을 수 없고, 뮤지컬 코미디 속에는 유달리 잔인하고 폭력적인 죽음이 있을 수 없다"라고 마르크 베르네는 말하고 있다.

　이런 정의는, 정의의 폭이 아무리 넓더라도, 어떤 한 장르에 맞는 요소들이 또 다른 장르에 나쁜 영향을 미치는 경우에는 적합하지 않은 것으로 드러난다. 예를 들어 서부 영화는 대개 노래와 춤추는 순간(수많은 예 중에서도, 《황야의 결투》에 나오는 치와와의 노래들과 무도회)을 포함하고 있다. 그러나 춤추고 노래하는 순간들이 뮤지컬 영화 속에서처럼 똑같은 기능을 하지도 않을 뿐더러 똑같은 대접을 받고 있지도 않다. 이러한 문제는 사람들이 탐정 영화나 뮤지컬 영화보다 더 체계적이지 못한 장르

---

2) 이렇게 인용된 작품들은 참고 문헌을 가리킨다.

에 몰입하는 경우 심각해지며(따라서 역사 영화는 아주 광범위한 요소들의 표현 수단을 포함할 수 있다), 사람들이 장르의 발달을 고려하는 경우에는 해결이 거의 불가능하게 된다. 《로이 샤이더의 재즈 클럽》(1979)에서는 버라이어티쇼 연출가의 심근경색으로 인한 죽음이 초대형 음악 공연 형식으로 다루어지고 있다.

이런 현상을 허용해 주고 있듯이, 미국 영화 장르는 완전한 정의를 가질 수 없다. 서부 영화가 19세기 후반부 내내 미국 서부 지역을 배경으로 설정될 수밖에 없다는 게 맞다면, 이런 맥락에서 순회 극단을 연출한 영화 《Heller in Pink Tights》는 과연 서부 영화에 속하는가? 그리고 《Lonely are the Brave》는 서부 영화가 아니지만 그래도 그 영화에서 사람들은 가장 현대적인 교통 수단과 의사소통 수단의 도움을 받아 무법자 커크 더글러스를 추격하고 있지 않은가?

장르의 지표

문체 구별로는 장르를 확고하게 판별해 낼 수 없다. 빛이 드는 초대형 공간이 요구되는 롱쇼트들(plans larges)은 고대 역사 영화에서 나타나고 있듯이 서부 영화에서도 발견되고 있다. 질식할 것 같은 영상 배치와 실내 장면 그리고 강렬한 대화들을 함축하고 있는 분위기, 다시 말해 도시적이고 암울하고 비가 많이 내리는 분위기는 탐정 영화나 사회 영화(《도둑의 고속도로》) 또는 복싱 영화(《셋업》) 같은 하위 장르를 나타낸다. 기껏해야 이런 식의 장르 구별은 세트 촬영을 한 것과 야외 촬영을 한 것의 경계를, 도시풍이냐 시골풍이냐의 경계를, 그리고 할리우드의 스튜디오로 제한되는 것과 할리우드 스튜디오를 벗어나는 경향이 있는 것의 경계를 그릴 수 있게 해줄 뿐이다.

장르를 판별할 수 있는 가장 확실한 방법은 영화 초반부의 분석에 있다. 관객이 허구 속으로 들어가는 접근이 이뤄지는 순간인 영화 첫머리 자막(크레디트)과 이야기가 시작되는 초반 몇 분은 **장르의 지표**를 알아볼 수 있는 특수한 영역이다.[3] 예를 들어 아주 상이한 장르의 영화 5편, 즉 《필라델피아 이야기》(촌극 코미디) · 《로라》(필름 누아르) · 《밴드 왜건》(뮤지컬 코미디) · 《스팔타커스》(고대 역사 영화) · 《리오 브라보》(서부 영화)를 비교해 보자. 어떤 이들은 스튜디오의 로고에서부터 조사를 시작한다. 그런 다음 그런 정보들은 서로 추가되면서 차츰차츰 가능성의 영역을 축소해 가고 있다. 그 영역에는 영화 첫머리 자막의 글자 표기법과 첫머리 자막용으로 선택된 시각적 배경 그리고 거기에 곁들여지는 음악 · 배경 · 영상 단계, 그리고 (흔히 일종의 짧은 무성 영화라 할 수 있는) 첫번째 장면(scène)의 서술 체계, 화면 밖의 목소리가 있느냐 없느냐 등의 사항이 관련되어 있다. 조금은 난삽한 이런 모든 **지표들의 결합은 영화 장치에 대해 관객의 주의를 몹시 이끌고 있다**는 점에서 주목할 만하다. 그러나 그후 목적은 반대로 할리우드의 **스크린 이미지 프로세스**(transparence)로

---

3) 영화 첫머리 자막과 관련한 완벽한 이론적인 종합 평가를 위해서, 니콜드 무르그, 《영화 첫머리 자막》, Méridiens-Klincksieck, 1994 참조.

연결되고 있는 유창한 서술에 힘입어, 관객들이 그 장치를 의식하지 못하게 할 것이다.

상반되는 효과를 가져오는 수단

정의의 난점들을 극복할 수 있을 경우, 장르의 개념 자체는 대단히 모호한 기능을 유지하고 있다. 어떻게 보면 그것은 극도로 정교한 역사적·미학적인 분석의 수단이다. 사람들이 그 수단을 동일한 특색의 영감과 동일한 표현 방법, 동일한 수사학적·문체적 원리에 속하는 작품집과 비교를 해봄으로써 영화에 대해 많은 것을 배우고 있기 때문이다. 즉 전통 서부 영화의 특성을 파악하고 싶다면《자니 기타》와 몇 편의 서부 영화를 잠깐 비교해 보는 것으로도 충분하다는 것이다. 그리고 그 비교는 해를 거듭할수록 분명해질 것이다. 1930년대의 위대한 갱스터 영화들(1927년부터 《지하 세계》《작은 시저》《스카페이스》《더럽혀진 얼굴의 천사》)은 서로 기준으로 이용됐을 뿐 아니라, 좀더 뒤에 나올 작품들(《워터프론트》), 패러디하는 어투로 갱스터 영화임을 환기시켜 주는 코미디 영화들(《불덩어리》《뜨거운 것이 좋아》)을 위해, 또는 장르에 대해 일어난 최근의 변화(프랜시스 코폴라의《대부》와《카튼 클럽》, 브라이언 드 팔마의《스카페이스》와《언터쳐블》)를 위해 기준으로 이용되고 있다.

또 어떤 면에서는, 사람들이 어떤 한 장르와 특정한 시대에 전념할 때에는 독특하고 미리 계산한 것이라고, 자신의 개인 상황과 밀접하게 연관되어 있는 게 아무것도 없다고 자처하는 '작가'의 영화(film d'auteur)보다는 장르 영화(film de genre)를 평가하는 것이 훨씬 더 어렵다. 1940년대의 필름 누아르들은 아주 엄격하게 예산과 문체 그리고 연출의 필연적인 요청을 지켰으므로, 이 영화에서는 재능과 전통을 고려한다는 게 쉽지만은 않았다. 그러나 그것은 분명 전체 영화들 중에서 가장 완벽한 영화들(《로라》《이중 배상》《아스팔트 정글》)이 눈에 띄도록 해주고, 대개 다른 영화들이라고 판단되었던 모델의 척도가 될 수 있도록 해주고 있다.

2. 할리우드를 생각하게 하는 장르들

가장 큰 공통점

장르별로의 분류가 분명하지 않는데도 할리우드 영화에 접근하기 위해 장르별 분류를 선택한 이유는 무엇인가? 이는 장르별 분류가 어떠한 경우에도 가장 큰 공통점으로 남기 때문이다. 장르별 분류는 역사적인 표현 방식으로 볼 때에는 몇몇 장르——뮤지컬 코미디·범죄 영화——가 지나간 시대에 속하는 한 할리우드 영화를 생각해 볼 수 있게 해주고, 그리고 미학적인 표현 방식으로 볼 경우에는 각각의 장르가 이야기의 심층 구조의 차원이 아닌 **처리**(traitement: 영상, 빛, 연출과 연기 스타일, 색상, 무대 배경, 의상 등) 차원에서 상당수의 특성을 연상시켜 주기 때문이다.

할리우드 영화의 기본 단위

고전 시대에는 할리우드에서 촬영된 거의 모든 영화가 장르 영화에 속한다고 주장할 수 있을 것 같다. 가장 쉽게 식별해 낼 수 있는 장르의 경우에는 분명 그러하다. 왜냐하면 쉽게 식별 가능한 장르는 역사적으로나 지리적으로 아주 분명한 상황(고대 역사 영화·서부 영화·무협 영화·공상과학 영화·전쟁 영화) 속에서, 또는 매우 특별한 법칙에 따라 묘사되는 한정된 세계(갱스터 영화·필름 누아르·뮤지컬 코미디·괴기 영화) 안에서 전개되고 있기 때문이다. 이런 사실은 코미디가 하위 장르를 많이 가지고 있고, 스튜디오 시대에 특히 눈부시게 변화했는데도 불구하고 코미디 측면에서는 그래도 비교적 분명한 편이다. 다른 관례적인 문구들과 대조 검증을 많이 해도 여전히 장르에 속하는 관례적인 표현들의 측면에서 볼 때는 역사적인 시간 경과를 염두에 두기 때문에 조금은 눈에 덜 띈다. 즉 멜로드라마(그리피스에서부터 시작해 보재지·스탈·와일러·미넬리를 거쳐 서크까지), 문학 작품 각색, 전기 영화 또는 바이오픽(biopic) 영화의 경우가 그러하며, 전기 영화는 또한 멜로드라마나 역사적으로 한 시대를 총체적으로 묘사한 작품으로 방향을 돌릴 수도 있다.

장르를 통해 만들어진 표현 양식

장르들이 미국 고전 영화 전체를 거의 포함하고 있다고 주장하는 것은 단순한 도전이 아니다. 할리우드의 아주 뛰어난 '초대형 표현 양식(grande forme)'이 장르의 영향을 상당히 받고 있다는 사실에 그런 식으로 주의하고 싶을 뿐이다. 초대형 표현 양식은 장르의 번성으로 구성되고 보강되어 해를 거듭해 전달되었다. 장르에 대한 연구가 되는 **순수 수사학적**인 작업, 즉 표현의 미묘한 차이를 모두 검토해 보는 작업은 극도로 균형잡힌 서술 구조를 바탕으로 진행할 때에나 가능하고, 그 구조가 재론되지 않도록 검토하기 때문이다. 이런 일이 적어도 30년 동안 할리우드에서 진행되었다. 미국 영화의 가장 위대한 개혁인들——채플린·슈트로하임·루비치·웰스·히치콕——조차도 그들이 할리우드 문체를 만들었듯이 쇄신할 수 있었던 것은 부분적으로는 **장르**에 대한 작업 덕분이라고 생각하는 것은 당연하다.

3. 제작 방식의 효과들

표준화와 구별의 도구

장르의 지리적 분포 연구가 오래 지속되었다면, 그건 그 연구가 할리우드 단체의 가장 효과적인 적용을 나타내 주었기 때문이다. 장르들이나 또는 적어도 장르와 유사한 부류들은 세상에 있는 거의 모든 영화 기술을 이용해서 묘사되었다. 하지만 어느 누구도 오랜 기간에 걸쳐 변화된 다양한 장르들의 개관을 만들어 내지 못했었다. 할리우드 영화는 장르의 개념을 생각해 내지는 못했지만, 장르의 개념을 하나의 개념으로 여기지 않도록 상당히 조심하면서 장르의 개념을 최고로 완벽하게 만들어 놓았다. 왜냐하면 **장르 영화**는 할리우드 **제작 방식의 산업화에 대한 직접적인 효과**라는 사실에 관심을 가져야 하기 때문이다. 장르 영화가 똑같은 모델들의 기계적인 재생산을 전제로 하는 경우, 장르는 **표준화**(standardisation) 도구인 동시에 설득력 있는 **구별**(différenciation) 도구가 되며, 표준화와 구별이라는 두 가지의 요청은 대형 스튜디오들의 영화 산업 제작의 특징을 이루고 있다.[4] 자동차나 화장용 비누처럼 '대량'으로 만들어지고는 있으나 모두가 제각각 차이가 있다. 실리 추구의 대상과는 아주 다른 소비 형태에 해당하기 때문이다. 같은 장르에 속하는 영화들이 놀랍게도 이런 이상을 제시하고 있다. 다시 말해 영화들이 모두 서로 비슷하기는 하나 제각기 1편뿐이라는 것이다. 게다가 영화는 관객에게 대량의 소비 반응을 조장하고 있다. 선호하는 장르와 관련되어 있는 이상 품질에는 거의 신경을 쓰지 않으며, 대개 미국 '앙코르 영화(cinéma bis)'에 열광적인 사람들은 역사가나 비평가와는 상이한 가치 등급을 가지고 있다. 요컨대 제 신의 이야기(l'histoire-panthéon), 특히 저자들의 전략에서 정신적 자양을 얻은 제 신의 이야기가 만들어 내지 못한 또 다른 기준들로 할리우드의 자료를 재단한다는 것은 장르에 전혀 이득이 되지 않는다. 그렇기 때문에 할리우드 영화에서는 다방면

---

4) 이 주제에 관해서는, J. 스테이저, 〈표준화와 변별화〉, 《고전 할리우드 시네마》, 9장 참조.

의 폭넓은 영역이 도출되고 있다. 그리고 다방면의 영역 속에는 여러 단계의 예산과 품질, 그리고 보잘것없거나 잘 알려지지 않은 문구만큼이나 잘 알려진 유명한 광고 문안들이 서로 함께 하고 있다.

생산 설비들

스튜디오들의 엄청난 설비들, 즉 무대 장치와 의상을 갖추고 있는 어마어마한 비축품들이 특히 장르 영화들 속에서 그런 장비를 지속적으로 재사용하기에 적합하다면, 작업의 세세한 분할은 장비의 풍부함과 지속적인 번영을 설명해 주고 있다. 따라서 생산 설비들은 한 장르가 꽃을 피우는 데 전적으로 할애될 수 있었다.

아서 프리드는 MGM에서, 특히 빈센트 미넬리와 스탠리 도넌/진 켈리 커플의 도움으로 뮤지컬 코미디 분야에서 가장 화려한 성공작들, 즉 《세인트 루이스에서 만나요》《욜란다와 도둑》《해적》《파리의 아메리카인》《사랑은 비를 타고》《언제나 좋은 날씨》를 만들었다. 빈센트 미넬리는 회고록에서 뮤지컬 코미디의 발전은 자기 자신보다는 **제작자** 아서 프리드에게 더 많은 영향을 받았다고 주장하고 있다(그러나 분명 조금은 가장된 겸손함이 포함되어 있다!). "모든 창조자들에게 가능한 가장 큰 자유를 주었던 사람이 바로 그였다. 자유는 바로 모든 창조에 없어서는 안 될 믿음의 표시이다."(《밴드 왜건》, J. -C. 라테스 편집, p.123) RKO

에서는 발 루턴의 제작 시설이 컬트 영화인 자크 투르뇌르의《캣 피플》을 시작으로 4년에 걸쳐 11편의 흥미진진한 판타지 영화 시리즈를 저예산으로 촬영했다. 아주 특별한 만화 영화 장르의 경우에는 디즈니 스튜디오 밖에서, 특히 워너에서 레온 슐레진저가 지휘한 시설 속에서 번창하였다. 그는 텍스 에이버리와 척 존스의 만화 영화(cartoons)들을 1940년대에 제작했었다.

이런 분류 때문에 경험 있는 전문적인 직원이 각각의 시설에 포함되어 있으며, 그 분류는 다시 스튜디오 자체 등급에 속하게 된다. 물론 철저하게 단 하나의 장르에만 전문화된 스튜디오는 한 곳도 없지만, 모든 스튜디오는 자신들이 제작을 주도하고 있는 몇몇 장르들과 연결되어 일류의 이미지를 지니고 있다. 예를 들어 워너에서는 갱스터 영화와 사회 영화가, MGM에서는 뮤지컬 코미디와 심리 드라마가, 유니버설에서는 괴기 영화가 뛰어나다는 것이다. 하지만 시간이 흘러 때로는 캐리커처로까지 비약했고, 모든 대형 스튜디오들이 거의 모든 장르들을 다루었다는 사실을 망각토록 하는 이런 이미지에 대해서는 약간의 의심을 품어보자.

예산 서열

장르 영화 제작은 예산 서열에 따라 한번 더 특혜를 받았다. 소위 'A' 등급 영화와 'B' 등급 영화를 위한 적정한 제작 비용을 책정한다는 것은 상당히 어렵다. 그 비용이란 것이 스튜디오에 따라 다르기 때문이다. MGM에서의 'B'등급 영화는 다른 영화사의 고급 영화와 대등하다는 뼈 있는 농담도 있지 않은가! 그럼에도 불구하고 확실한 건 장르가 흔히 정해진 예산과 관련이 있는 한 장르 영화는 이런 서열에 적합하다는 것이다. 즉 초대형 뮤지컬 영화나 배경·의상·전체 화면이 많은 시대극에는 상당한 예산이 책정되고, 기계의 이동이 거의 없고 무대 배경이 실내와 바 그리고 어둠침침한 거리만 나오는 소위 흑백 '누아르' 영화에는 많지 않은 예산이 책정된다는 것이다. 모든 규칙들처럼 예산 서열도 물론 예외를 허용하고 있다. 서부 영화는 대개 엄청난 예산이 들거나, 혹은 많지도 적지도 않은 보통 수준의 예산이 드는 장르인데도 불구하고, 세르주 대니는 재치 있게 '포버티 로우' 같은 작은 영화사들이 촬영한 '말 한 필만 등장하는 서부 영화'들을 상기시켜 주고 있다. 즉 이 서부 영화에서는 "패거리가 해체되기 몇 시간 전에 무대를 불법 점거하는 잠깐 동안의 촬영이 무례한 소동의 완충 역할을 하는 짐승 위에서 이루어졌는데, 바로 그 짐승을 타고 선한 사람과 악한 사람이 차례로 나오고 있다."(J. -L. 뢰트라 인용, *op. cit.*, p.68)

특수성과 다양성

마지막으로, 장르 영화의 운명을 모든 직원들이 계약 상태에 있는 것으로, 특히 배우와 감독이 계약직 상태에 있다는 것으로 분명 책임을 전가할 수 있을 것이다. 장르들은 물론 황금 시대에 가장 잘 나가는 스타들이 취미로, 또는 의무적으로 상이한 특색을 가지고 접근하는 것을 허용하지 않았다. 마를렌 디트리히의 경우에는, 역사 영화(《진홍의 여왕》)·첩보 영화(《불명예》)·코미디(《천사》《욕망》)·서부 영화(《데스트리는 다시 말을 탄다》)·탐정 영화(《무대공포증》)를, 캐리 그랜트의 경우에는, 코미디(너무 많아 단 1편도 인용할 수 없다!)·모험극(《천사만이 날개를 가졌다》)·서스펜스(《북북서로 진로를 돌려라》)·멜로드라마(《어페어 투 리멤버》)를 연기했다. 이와 같은 재능의 다양성이 할리우드에서 예외적으로 갖는 건 아무것도 없으며, 게다가 재능의 다양성은 감독의 단계에서 다시 생각된다. 사실 우리는 특별한 장르에 맞는 감독의 이름을 기억하고 있다. 예를 들어 '뮤지컬'의 경우에는 찰스 월터스를, 제임스 스튜어트가 등장하는 서부 영화에서는 앤서니 만——물론 다른 장르에서도 활동했지만——을 기억하고 있다. 그러나 모든 영화인들에게는 한 장르에서 또 다른 장르로 이행해 가는 것이 하나의 규칙이었다. 《온 동네가 수군수군》에서 《나의 계곡은 푸르렀다》를 거쳐 《7명의 여자》에 이르기까지, 존 포드는 서부 영화만을 촬영하지 않았다. 혹스는 모험극(《천사만이 날개를 가졌다》)·코미디(《아기 양육》)·서부 영화(《리오 브라보》)에서 신기원을 이뤘던 영화들을 규칙적으로 만들었다. 맨케비츠 또한 자신이 할리우드에 요구한 사회에서 조금은 소외된 상황에도 불구하고 대부분의 장르를, 특히 고대 역사 영화(《클레오파트라》)·뮤지컬 영화(《아가씨와 건달들》)·서부 영화(《*There was a crooked man*》)를 만들었다. 그리고 할리우드의 지칠 줄 모르는 전문가들——앨런 드완·윌리엄 웰먼·마이클 커티즈——을 고려하지 않은 덕분에 장르 영화는 분명 익숙해진 완벽함을 갖추게 되었다. 마이클 커티즈는 거의 홀로 전설적인 《카사블랑카》를 초월해 존재하는 장르의 모든 범위를 다루고 있다.

4. 장르 영화의 발달과 변화

끊임없이 변화하는 개념

대형 스튜디오들의 작업 구조가 장르 영화의 발전에 유리하게 작용했을 때, 그 구조의 분열은 소멸이 아니면 적어도 근본적인 변화를 도모했었다. 물론 장르들은 역사와 영화의 기술적인 발전과 대중의 변화로 인해 황금 시대를 거치면서 끊임없이 변화해 왔었다.

코미디 장르의 변화는 이런 관점에서 볼 때 놀라울 정도이다. 신체와 제스처의 예술인 풍자극(burlesque)은 무성 영화와 함께 성공해서는 카툰이나 하포 막스의 판토마임, 또는 우스꽝스러운 코미디(스크루볼 코미디)의 가장 육체적인 순간에는 어렴풋하게나마 존속하다가 유성 영화의 등장으로 사라졌다. 그리고는 전혀 다른 형식으로 제리 루이스와 함께 부활했다. 1930년대의 부자연스런 코미디는 위기 시대를 벗어나고자 하는 욕망과 유럽 보드빌의 유행과 연결되어 미국 사회 현실과 좀더 관련이 있기를 바라는 코미디를 위해 코미디 자체는 사라졌다(카프라 · P. 스티지스·미넬리의 가족 코미디). 이는 1950년대 내내 그리고 그 이상으로 풍속 코미디를 지배한 빌리 와일더가 자신에게 가장 잘 맞는 문체를, 신경을 자극하는 풍자(《7년 만의 외출》《뜨거운 것이 좋아》《하나, 둘, 셋》)의 문체를 버리지 않고 필요할 경우 로맨틱한 전통(《사브리나》《하오의 연정》)을 부활시키는 것을 막을 수 없다.

스튜디오들의 몰락, 장르의 쇠퇴

그러나 스튜디오의 몰락처럼 장르 영화들의 제작을 파멸로 이끌었던 사건은 없었다. 따라서 1950년부터 스튜디오들은 저예산 영화, 즉 대개 존재 이유를 상실한 장르 영화들을 '동시 상영(double feature)'용으로 공급해 주었던 영화관의 거대한 유통으로부터 분리될 수밖에 없었다. 커져 가는 텔레비전의 경쟁력이 할리우드의 경쟁 고조와 스펙터클한 초대형 작품의 재등장을 조장할 때, 텔레비전으로 방영되는 연속극 시장은 저예산 장르 영화가 이전에 담당했던 미개척 분야들——코미디·판타지·서부극·탐정극——을 다른 관점에서 '흡수했다.' B급 영화의 거의 모든 소멸은 장르의 상황을 혁신시켰다. TV 연속극과 이탈리아에서 촬영된 '마카로니 웨스턴'이 B급 서부 영화를 대신하는 동안, 할리우드에서는 장르가 늙어 가는 주인공들이 옛 위세를 상실한 사람처럼 보이는 대량 제작(grosses productions)으로 부풀려졌다.

할리우드의 변모에도 불구하고 서부극의 전설과 미학은 특별한 표현으로 남아 있으며, 이는 서부극이 절대 소멸되지 않는 이유를 설명해 준다. 스튜디오들이 몰락한 뒤에도 서부극에 새로운 색깔을 부여하려는 서부극 전문가들 세대는 여전히 있었다. 샘 페킨파가 바로 그런 전문가들 중 가장 좋은 대표자이다. 그런 다음 장르는 장인의 손을 벗어나 문체 실행이 되었고, 훌륭한 영화인들 대부분이 필요한 경우 불가피하게 따랐던 테스트가 되었다. 오늘날, 이스트우드와 카스단은 여전히 시도하고 있다. 우리는 또한 스페이스 오페라(space opera), 즉《2001년 스페이스 오디세이》에서《스타워즈》까지——국경 통과와 정복을 다루었던 장르——가 서부극에 상응하는 현대 시간을 나타냈지만, 그러나 그 존속은 결국 단기간에 불과했다고 생각할 수 있다.

뮤지컬 코미디[5]는 스튜디오와 전문적인 제작 시설의 종말, 그리고 세상에 대한 스튜디오들의 솔직하고 부드러운 이해가 엄격한 검열 기관의 요청과 완벽하게 일치했던 시대의 종말로 인해 가장 심하게 타격을 받은 장르이다. 반면, 판타지 영화(공상과학 영화·호러 영화·괴기 영화)는 분명 가장 잘 지속되고 있는 장르이다. 물론 이는 스필버그와 또 다른《터미네이터》덕분이 아니라, 판타지 영화가 시네마토그래프 초반의 '시리즈물(serials)'을 연상시키지 않고는 존재하지 않는 '시리즈물(séries)'을 이루며, 저예산 영화의 전통을 유지하고 있기 때문이다. 예전의

---

5) 제8장〈영화의 음악, 뮤지컬 영화〉참조.

텔레비전처럼 비디오 시장이 오늘날 미국에서 영화관을 거치지도 않은 헐값의 장르 영화 분야 전체를 회복시켰음을 잊어서는 안 된다.

사회심리학적인 요인들

이런 경제적인 이유 이외에도 장르의 약화를 설명해 주는 아주 복잡한 구도가 있다. 그 설명은 표현 방식의 발전과 관련이 있는 만큼 대중의 발전과도 관련이 있다. 따라서 다음과 같은 것들을 문제삼을 수 있을 것이다.

— 미국 감독들에 대한 유럽 현대성의 영향.

— 관례 거부, 그리고 사실적인 표현에 점점 커져 가는 대중의 기호.

— 패러디의 비중. 이는 관객의 시선을 너무나 객관적으로 바라보게 하기에 관객이 장르의 법칙에 자연스런 지지를 보낼 수 없을 정도이다(물론 멜 브룩스가 생각난다, 하지만 코미디는 전체적으로 볼 때 또 다른 장르들을 풍자적으로 모방하는 것을 자주 즐기고 있다).

세번째 이유나, 혹 이전 이유들의 통합은 미국 장르들이 자신들의 매력과 장점을 만들어 주던 대중적인 정착을 상실했다는 이유에서이다. 어쩌면 이런 쇠퇴의 시작은 영화인들의 영향력을 지나치게 강조하지 않는 한 저자들의 전략과 프랑스 누벨바그 영화인들의 미국의 장르 영화에 대한 심취로 거슬러 올라갈 수도 있을 것 같다.[6] 어쨌든 현재 미국의 영화인들이 장르에 유리하도록 작업을 하지 않고, 장르들을 **재해석하고** 있는 것은 사실이다. 그들은 전통을 고수하지 않고, 전통에 직면해 있다. 게다가 즐겁게 전통에 맞서고 있다. 그러나 이런 사실은 장르 영화가 미국 영화를 분석하는 데 타당한 범주는 아니라는 점에서, 우리가 영화의 경제와 미학에 끼치는 영향력의 정도를 파악할 수 없다는 의미에서 조금도 변하지 않고 있다. 대중적인 측면에서 보면, 장르 그 자체는 넓은 의미에서 향수에 젖어 있는 영화 팬들의 진영이 되었고, 그 영화 팬들은 다양한 식별 표지를 통해서 지나간 시대를 기억해 내고 있다.

---

6) 설득력 있는 유일한 예: 고다르는 《작은 병정》《미치광이 피에로》《중국 여인》과 《주말》에서 《자니 기타》를 인용하고 있지 않은가!

2
희극적인 효과: 개그의 측면들

1. 할리우드 영화의 초기 기적

할리우드 이전의 영화

할리우드에도 요람기가 있었고 놀랄 만한 기적, 즉 익살극(burlesque)이 있었다. 미국이 아닌 그 어디에서도 신생 영화가 그러한 웃음, 재능, 시각적인 창작물의 폭발을 만들어 내지 못했다. 오늘날 무성 희극은 모태, 특히 할리우드 이전 영화인 것처럼 보인다. 게다가 무성 희극은 유성 영화의 수많은 미래 영화인들(카프라·매커리·스티븐스)에게는 하나의 유파였다. 할리우드가 몰두할 수밖에 없었던 모든 미적·경제적인 가치들은 장황하고 독창적인 형식으로만 익살극 속에 여전히 존재하고 있다. 그렇기 때문에 익살극에 가장 열정적이고, 익살극이 가장 많이 나오던 초기(맥 세네트의 단편 영화와 샤를로의 초기 영화가 나오던 시기)에는 스튜디오들이 거대한 트러스트는 아니었고, 세네트가 민첩하게 지휘한 키스톤(Keystone)처럼 창작에 흥분되어 있기는 했지만 그래도 아직까지는 수공업적인 방법으로 작업을 하는 신생 제작사들이었다. 그런 제작사에서는 영화가 아주 빠르게 씌어지고 촬영되어 상영되었다(채플린이 키스톤에서 단 1년 동안 35편의 영화를 촬영할 정도였다!). 스타들은 그런 신생 제작사에서는 숭배를 이끌어 내지 못했다──즉 1910년대 중반에 절대적으로 필요했던 **스타 시스템**은 그 중에서도 특히 전반적인 유머 부족으로 구별되었다. 그리고 영화 상영 시간 대부분을 넘어지면서 보내는 사람을 어떻게 존경하겠는가? 에드가 모랭은 "코믹 스타물(starité comique)은 성(聖)과 속(俗), 웃음거리와 비장미, 경멸과 사랑이라는 양면성으로 규정되는 고유한 특성을 지니고 있다"라고 쓰고 있다.(모랭, 1985)

마지막으로, 할리우드에 맞는 능률성에 대한 염려가 **슬랩스틱**의 실질적인 제조소인 키스톤에서 이미 의미심장하더라도 무성 희극에 대해서는 할리우드에서 끝없이 지속될 자유로운 분위기가 감돌았다. 물론 이런 영화사들은 스튜디오들의 산업적인 재편성이 일어나던 초기부터 합병되거나 궤멸하게 된다. 반면 위대한 희극 저자들──즉 세네트에서 시작해 채플린·카프라·J. 루이스·B. 에드워즈 그리고 M. 브룩스를 거쳐 W. 앨런에 이르기까지──은 완강하게 독립적인 사람들로 남게 될 것이다. 그리고 우리는 독립적으로 남을 수 있게 되면서부터 바로 순수 제작자들이 되었고, 그들이 따르지 않았던 것 이상으로 할리우드 시스템을 자주 사용했던 사람들만을 세기 내내 보고 있다. 게다가 훌륭한 저자 중의 한 사람인 버스터 키턴의 경우, **MGM**으로의 입사는 창조적 시대에 종말을 고하고 있음을 드러내는 것이 된다.

웃음을 심각하게 받아들이기

개그는 영화와 함께 태어났고, 영화는 개그와 함께 태어났다. 《물 뿌리는 사람》이 이를 증명해 주고 있다. 영화는 스토리를 이야기해야 한다는 것을 생각하기도 전에, 배우에서부터 영화를 꾸며 주고 있는 사물들까지 불확실한 관계에서 거의 언제나 발생되는 희극적인 시각 효과를 담을 수 있는 영화 고유의 능력을 인식하고 있었다. 때문에 이러한 효과들을 유발시키기까지는 단 하나의 행보만이 있었다. 미국인들은 익살스러운 영화의 기본 단위로 개그 제작을 격려하고 합리화시키면서 한 걸음 더 나아갔다. 다시 말해 맥 세네트는 **개그맨**이라는 직업과 저자의 상상력을 자극하기 위한 '개그 회의'를 만들어 냈다.

그후 할리우드에서처럼 이미 경제 현상은 미학에 관해 피할 수 없는 영향을 끼치고 있었다. 개그 작품을 다량으로 써내는 데 참여한 개그맨은 구체적인 시나리오 맥락에서는 작업을 하지 않는다. 개그맨들의 특이한 발상들은 흔히 축소된 영화의 형식을 띠고 있으며, 시공간 속에서 전개되며, 인물들을 등장시키고 있다. 개그는 초기부터 하나의 기술 행위(acte d'écriture)이며, 그런 식으로 확인될 것이다. 익살극 초반의 즉흥적인 즐거운 분위기가 있은 연후에,[1] 대규모의 무성 희극 영화들은 우연을 허

---

1) 이 점에 관해서는, 프트르 크랄, 《익살극 혹은 크림타르트의 교훈》 참조.

용해 주지 않는 **명확성의 작동**(mécaniques de précision)이 될 것이다. 이것이 바로 자크 타티의 영화가 프랑스에 제시한 인상이다. 그러나 타티가 사회에서 소외된 유일한 천재성을 지닌 실례였던 반면, 개그의 '엄숙한' 처리는 할리우드에서 언제나 규범이었다.

제리 루이스는 8일 만에 《벨보이》를 썼다. 하지만 그는 각각의 개그가 지니는 시각적이고 유성적인 측면을 너무도 정확하게 기술한 나머지 79분 상영용 시나리오는 170쪽에 달했다.[2]

영화로, 더군다나 같은 저자의 작품 속에서 개그 영화들의 재연 자체는 항상 움직이고 있는 레퍼토리에 대해 끊임없이 제공되는 작업을 나타낸다. 무성 익살극에서는 필연적으로 똑같은 희극적인 개요들이 재사용——재사용은 흔히 배경, 배우의 신체적인 특징 활용과 관련이 있다——되고 있다. 그러나 전통은 그 이상을 추구하고 있다. 그 예로, 25년이라는 시간이 지난 뒤에도 하워드 혹스는 《남자가 좋아하는 스포츠》에서 《아기 양육》에 나오는 상당수의 개그를 인용하고 있다. 상황은 제한되어 있지만 끊임없이 변화하는 개그는 코미디 영화의 기본 어휘를 구성하고 있으며, 동시에 어휘의 통사론을 조직하고 있다. 이런 측면에서 볼 때, 개그에 관한 작업은 단호하게 말해 스타일의 문제라 할 수 있다.

---

2) 《카이에 뒤 시네마》, 〈제리 루이스 특집〉, 197호.

2. 개그와 서스펜스: 희극적인 효과 분석

수사로서의 개그

미국 익살극은 익살극이 지니는 꿈 같은 측면과 솔직담백한 시정 때문에 시인들과 지식인들에게서 언제나 상당한 호평을 얻었다. 프트르 크랄이 설명하고 있듯이, 그들은 제작 방법에 따르기보다는 덜 의도적이었다.(크랄, 1984, p.51) 우리는 《블랙 유머집》에 나오는 서문에서 무성 희극에 관해 언급하고 있는 브르통의 열정과, 《연극과 그 분신》에서 막스 형제에 관한 아르토의 열정을 기억하고 있다. 그렇지만 희극적인 문체에 어떤 이론적인 배려를 실어 주었던 것은 미국 익살극이었고, 미국 익살극들은 희극적인 문체로 힘을 얻었다. 따라서 우리는 개그 속에서 "규준과 일탈을 서로 관련짓지 않고 동시에 규준과 일탈을 명확히 규정함으로써 규준에 비해 약간 일탈되어 있는 영화 이야기의 색다른 모습을" 보았다.(S. 뒤 파스키에, 장 폴 시몽이 인용, 1979, p.25) 개그는 사실 '정상적인' 이야기의, 영화가 함축하고 있는 논리의 혼란이다. 장 폴 시몽이 기술하고 있듯이, 개그는 "영화 텍스트 속에 수사를 도입하고 있다." 이 점에서 볼 때, 개그는 이 책에서 매우 신중하게 검토하고 있는 **다양한 형태들**과 가장 중요한 관계를 유지하고 있다. 이 책에서 보여 주는 다양한 형태들은, **바로 그 형태 자체를 드러냄으로써 그 모습이 약간은 벗어나 있는 규준과 표현 양식들을 보여 주는 경우**

에만 책을 만들 수 있으므로 매우 신중하게 검토되었다. 영화 수사학의 범주가 상당히 융통성이 있기는 하지만, 그래도 그것은 수사학적이고 고전적인 수사의 특성이다.

희극은 대단히 놀랍게도 서스펜스와 유사성을 지니고 있다. 장 폴 시몽은 사실 서스펜스 영화에서처럼 코미디 영화에서도 관객이 이중적인 기대감——한편으론 시퀀스의 평범한 전개를, 또 다른 한편으로는 관객은 웃거나 또는 공포를 느낄 거라고 예상하고 있다는 사실과 연루되어 있는 특별한 기대감——을 지니고 있음을 보여 주고 있다.

공간 희극

실제로도 개그는 서스펜스와는 최소한의 공통점이 아닌 또 다른 공통점을 지니고 있다. 즉 개그는 아주 엄격하게 시공간을 다루고 있다. 순수 희극적인 효과는 무엇보다도 공간 문제이다. 이는 대부분의 개그가 "공간 희극에, 인간과 사물 그리고 외부 세계와의 관계의 지배를 받았기"때문이라고 앙드레 바쟁은 말하며, "익살극은 그리피스와 편집이 있기 이전에는 지배적이었고…… 그리고 《서커스》에서 채플린은 사자 우리 속에 실제로 갇혔으며, 둘 모두는 화면의 틀 속에 함께 갇혀 있었기"때문이다.(바쟁, 1985, p.61) 확실히 개그는 롱쇼트(plan large)를 당연하다고 인정하여 자주 사용하고 있다. 롱쇼트는 때로는 지배하지만, 그렇지 않은 때에는 롱쇼트를 흡수하고 있는 인상적인 공간적 배경과 희극 주인공의 관계를 강조하고 있다. 기관차 지붕

위의 키턴, 《안전 최후》에서 마천루 꼭대기에 걸린 시계 바늘에 매달린 로이드, 《모던타임스》에서 기계 톱니바퀴로 이해되는 채플린이 바로 그런 경우이다. 또한 가장 큰 희극 무대의 전통은 1950년대에 소멸되지 않았기 때문에 그 어느 때보다도 가장 크게 만들어진 촬영용 크레인을 사용했던 거대한 플로어, 즉 《*The Ladies' Man*》의 '토막난' 기숙학교에서의 제리 루이스도 그런 경우일 것이다.

이런 거대한 조형적인 구성들에 필적할 만한 것은 분명 **파괴의 희극**(comique de destruction)이다. 파괴의 희극에서는 개그가 추락과 충격·붕괴로부터 쉼 없이 생겨나고 있다. 흔히 익살극 영화는 혼란을 예찬하는 것처럼 보인다. 《내가 만약 백만 달러를 가지고 있다면》이라는 촌극에서는 무엇보다도 혼란 예찬에 대한 거의 신랄하고 충격적인 실례를 찾아볼 수 있다. 즉 예기치 않게 거금을 번 엉터리 운전사 필즈는 자기 마음대로 부숴 버릴 수 있는 한 무더기의 교통 수단을 구입하기 위해 거금을 사용하고 있지 않은가! 할리우드 스튜디오들이 다른 방법으로 막대한 예산을 들여, 거대한 자금이 호화로운 세계를 짓는 데 사용된 영화를 많이 제작하는데도 불구하고, 익살극이 공공연히 표방하고 있는 의도에 대한 완전한 무시는 할리우드가 원초적이고 노골적으로 꾸며낸 모든 것들을 위한 하나의 배출구처럼 보이며, 결국 초대형 드라마 제작에 대한 과도한 허풍에 맞서는 최상의 보호막이 되고 있다.

기대 그리고 일시 정지된 시간

공간에 시간이 더해질 때 희극적인 효과는 《일곱 번의 기회》 (고드롤트-호스트, 1990, p.142 참조)에서처럼 완벽하게 예상한 대로 될 수 있다. 그때 편집은 서스펜스에서처럼 개그에서도 필수적인 것으로 드러난다. 그리고 희극은 흠잡을 데 없는 안무에까지 이를 수 있는 계산된 리듬을 바탕으로 하고 있다.

《오페라에서의 하룻밤》에는 막스 형제의 가장 유명한 개그가 들어 있다. 한 무리의 등장인물들이 대형 여객선의 작은 객실 내부에 몰려 있다. 이는 시간(총 8분, 즉 아주 긴 하나의 시퀀스) 안에 도입과 절정(peak) 그리고 즐거운 추락이 전개되는 구성된 개그의 전형 그 자체이다. 《위대한 독재자》에서는 푸딩을 시식하는 장면이 똑같은 서술 원칙을 바탕으로 해서 만들어졌다.

따라서 서스펜스처럼 개그가 내적인(diégétique) 시간을 정지시키고 거의 단절에 가까운 시점에까지 시간을 늘이는 것은 드문 경우가 아니다. 제리 루이스가 특히 좋아한 슬로우번(slowburn)은 이런 늘이기를 토대로 한 일반적인 효과이다. 다시 말해 우리는 슬로우번을 통해 일반적으로 자신의 분노를 상승시키는 냉정하고 당치않은 자기 희생에 직면해 미숙하고 지나치게 흥분하는 제리라는 인물을 보고 있다. 우리는 효과적이려면 이런 장르의 효과가 관객이 비록 조심스럽게 받아들이기는 하지만 정상적으로 받아들일 수 있는 것을 아주 조금은 넘어서야 함을 자주 느낀다. 무엇보다도 개그는 **타이밍**의 문제이기 때문이다.

이러한 희극적인 시간의 융통성은 엄밀히 언어와 관련되어 있고, 뮤직홀 희극을 계승하고 있는 희극적인 효과들 속에서 다르게 이해되었다. 그렇기 때문에 막스 형제의 수많은 영화들 중에 그루코와 치코의 불합리한 긴 대화는 영화 개그보다는 카바레 촌극에 훨씬 더 가깝다.

할리우드 템포의 기원에서

그러나 서스펜스처럼 구성된 시퀀스에서 아주 미세한 효과까지 매우 다양한 형식으로 이야기에 영향을 미칠 수 있는 것은 저질의 개그가 아니다. 채플린은 빠른 커트로 앞뒤가 맞지 않게 준비 없이 연속적으로 일어나는 개그의 대가이다. "채플린이 스크린에 나타나기 전에는, 관객들은 코미디 영화를 통한 두 가지 개그에 만족했었다. 그리고 그는 매순간 웃기는 데 성공하였다"라고 제임스 에이지는 기술하고 있다.(에이지, 1991, p.27) 할리우드 이야기에 맞는 **템포의 기술**(science du rythme)은 그리피스식 편집 기술에 기원을 두고 있는 것처럼 채플린식 개그의 민첩함 속에도 그 기원을 두고 있다. 그러나 과거 속에 펼쳐지고 있는 긴 삽화 같은 개그가 유성 영화에서는 어려움 없이 존속하는데 반해, 희극적인 시각 효과가 있는 탁탁거리는 가벼운 소리는 유성 영화에서 어렵사리 지속될 것이다. 대화로 이루어진 코미디 영화의 대사와 놀라운 '재치 있는 표현'들이 너무도 완벽하게 그 소리를 대신하기 때문이다.

3. 익살극 이후

희극의 변종 개그

무성 익살극을 계승하고 있는 희극적인 효과가 1930년대부터 발전했던 코미디 영화에서 변화했으리라는 것은 당연하다. 개그는 현실적인 기질을 가진 매우 용의주도한 인물들을 있는 그대로 받아들이지 않는다. 그리고 일반적으로 익살극에서 가혹하게 시달리는 배우들의 신체는 동화되거나 동정을 받을 가능성이 전혀 없어야 한다. 그 반대로 관객의 입장에서는 "저 사람의 입장이 아닌 게 정말 다행이야!"라고 생각하며, 그런 우월한 입장을 즐기는 것이 중요하다. 그럼에도 불구하고 개그는 사라지지 않고 변화했으며, 어떤 순수성(pureté)의 상실을 공통적으로 지니고 있는 상세한 표현 양식을 무수히 쏟아내고 있다.

루비치의 작품에서는 개그가 지적인 측면을 덧붙이고 있다. 즉 희극적인 효과는 대개 복합적인 정보망의 결실이며, 그 결실은 신체 개그의 관객보다는 더 능동적이고 주의력이 깊은 관객을 요구하고 있다. 개그는 이야기와 이미지의 모티프가 되도록 서술적인 부분으로 다루어지지 않으며, 이러한 목적에서 개그는 대체로 대상을 토대로 구체화되고 있다. 반복되는 대상의 출현은 시나리오 속에서 회상과 에코 시스템을, 주된 줄거리의 일관성과 병행되는 일종의 드러나지 않는 일관성을 만들고 있다.

《푸른 수염의 여덟번째 아내》——이 영화에 대한 인상은 보통 익살극에 가깝다——는 설명하지 않아도 출현만으로도 웃음을 야기시키는 대상들을 자주 사용하였다. 예를 들어 루아젤 후작은 침실에서 나오고, 사람들은 그의 딸이 그를 위해 첫번째 시퀀스에서 구입했던 파자마가 몸에 맞지 않는 것을 발견한다. 그리고 루이 15세 욕조는 마이클 브랜던(G. 쿠퍼)이 사왔지만 사용하다가 깨졌다. 무대 속에서 거추장스럽게 장소를 차지하고 있는 물건의 이동 과정은 폭소를 규칙적으로 자아내는 원천이 되고 있다. 희극이 《길모퉁이 가게》처럼 조금은 덜 기계적인 영화에서조차도 그 기법은 지속되고 있다. 다시 말해 이 영화에서는 대상-모티프(objet-motif)가 팔 수 없는 담배상자이다. 클라라(M. 설리번)는 대상을 성공적으로 사탕상자로 넘기면서 매튜셰크를 끌어들인다. 그러나 그녀는 이런 성공을 지키지 못한다. 게시문을 통해 재고가 염가로 팔렸다는 것을 우리가 곧 알게 되기 때문이다. 결국 그 상자는 젊은 처녀가 면식이 없는 사랑에 빠진 남자에게 줄 수 있는 가능성을 지닌 크리스마스 선물로, 대화중에 우연히 복귀된다.

모든 일이 언어를 통해 해결되고 있는 쿠커의 매끄럽고 세련된 코미디에서는, 그러나 신체가 뜻하지 않은 폭력 때문에 기운을 회복하는 경우도 있다. 예를 들어 《아담의 갈비뼈》에서 변호사 스펜서 트레이시는 축제 챔피언에 의해 법정 한가운데에서 팔을 쭉 펴고 일어나고 있다(게다가 그는 분쟁의 주모자인 자기 부인이 그렇게 한 것을 용서하지 않고 있다. 즉 가식적인 세계에서의 신체 개그의 뜻하지 않는 출현은 **용서할 수 없는** 무언가를 실제로 지니고 있다). 그러나 때로는 몹시 걱정스러운 난폭함에까지 이르게 되는 혹스의 **액션 희극**에서 사람들은 진짜 익살극에 가장 근접하게 된다. 인간은 액션 희극 속에서 자신을 지배하는 요소들――《아기 양육》《속임수》에서 나오는 죽은 동물이나 또는 살아 있는 동물들,《나는 남자 종군위안부였다》와《남자가 좋아하는 스포츠》에서 나오는 악조건의 환경――과 실랑이를 한다.

익살극으로 성장한 카프라――그는 해리 랭던의 몇몇 영화를 감독했다――는《당신은 그걸 가질 수 없어요》와《비소와 낡은 레이스》에 나오는 몇몇 구절 속에서, 필요하다면 어렵지 않게 익살극에 대한 열정을 연상시켜 주는 열광적인 분위기를 부활시킬 수 있음을 보여 주고 있다. 그는 특히 격렬하게 움직이는 무리를 대개 함축하고 있는 중요한 장면들 속에서 개그에 서사적인 호흡을 불어넣어 주는 데 공헌했다. 예를 들어《멋진 인생》의 미국 흑인춤[3] 경연대회는 홍해처럼 무희들의 발 아래에서 열리는 풀장 속으로의 단체 다이빙으로 마무리되고 있다. 그러나 그 즐거워하는 대중들이 냉담한 무리로 변하는데 아무것도 필요치 않다. 그리고 카프라의 작품에서는 개그의 이면이 흔

---

3) 1920-1950년경에 유럽에서 유행한 미국 흑인춤.

히 비극적이다.(《아메리칸 매드니스》 참조)

마지막으로, 빌리 와일더는 파렴치하게 개그를 변질시키면서 매우 지시적인 방식으로 개그를 이용하고 있다. 《뜨거운 것이 좋아》에서 음악적인 아름다움이 가득 들어 있는 슬리핑(sleeping)은 당연히 막스 형제의 선실을 떠올려 주며, 일반적으로 '인간의 억압'——여기서는 그런 속박이 매우 성적인 암시를 내포하고 있다는 점을 제외하면——을 토대로 해서 만들어진 모든 개그를 연상시켜 준다. 이는 또한 《7년 만의 외출》의 개그(샴페인 병 속에서 꼼짝 않는 토미 이웰의 손가락, 수도꼭지에서 꼼짝 않는 마릴린 먼로의 발가락)에도 적용되며, 다른 많은 개그들의 경우에도 마찬가지이다.

풍자극은 강하다

따라서 비평가 제임스 에이지가 1949년에 말하였듯이, 언어 능력이 코미디 영화를 극복해 냈다고 말할 수 있는 분명한 근거는 없다. 정말로 사라져 버린 것은, 바로 익살극이다. 새로 싹트기 시작한 할리우드 영화의 역사적인 조건과 관련되어 있고, 기대감·정신 상태, 그리고 사회적 구성이 복구할 수 없을 정도로 완전히 바뀌어 버린 대중의 입맛에 맞추어 주었다는 익살극은 정말로 사라져 버렸다. 또한 변형된 것도 바로 스크린에 투영된 인체의 표현이다. 다시 말해 인체는 너무 본능적이고 개성을 지니고 있고 진솔하기에, 익살극에서 펄쩍 뛰어올라도 끄떡하지 않는 그런 유연한 꼭두각시 몸이 다시는 될 수 없다.

그럼에도 불구하고 익살스런 재치는 할리우드에서 서로 다른 표현 양식이기는 하지만 1930년대와 1940년대의 스크루볼 코미디(screwball comedy; 우스꽝스런 코미디 영화)를 통해, 막스 형제와 필즈를 통해, 그 다음에는 제리 루이스·블레이크 에드워즈·멜 브룩스·우디 앨런의 초기 희극 작품들을 통해, 최근에는 피 위 허먼, 그리고 주커 형제와 에이브러햄의 희극 넌센스를 통해 명맥을 이어왔다. 이런 내성은 조금도 놀랍지 않다. 신체의 우위가 아닌 언어와 심리학의 섬세함을 기본으로 해서 만들어진 고도의 희극적인 표현 양식들의 출현으로 인해 익살극은 철저하게 제거된 적이 한번도 없었고, 할리우드에서보다는 그리스 코미디나 라틴 코미디에서, 또는 몰리에르 작품에서 익살극을 더 제거하지 못했다. 익살극이 만들어 내는 웃음은 또 다른 웃음으로, 지루한 코미디가 만들어 내는 세련된 즐거움으로는 상쇄될 수도 없으며, 그런 즐거움과는 비교할 수 없는 웃음이기 때문이다. 그리고 어쩌면 이 웃음이 보들레르가 생각했던 것처럼 매우 '사악하고,' '지극히 인간적인'[4] 측면에서 볼 때 필연적인 것일지도 모르기 때문이다.

---

4) 보들레르, 〈조형 예술에서 나타나는 웃음과 희극의 본질에 대하여〉, 《전집》, 쇠유 출판사, 랭테그랄 총서, 1968.

3
생략, 또는 빈 공간의 매력

1. 복합적인 수사

생략이 없는 영화는 없다

생략이란 무엇인가? "스토리의 단편이나 시간 또는 저자가 일부러 이야기 이외에 삽입하고자 선택한 모든 요소들을 의도적으로 누락시키는 것이다."(젠, 1991, p.122) 이런 단순한 정의의 이면에는 생략에 대한 견해가 복합적이다. 이야기 속에서 누락을 적용할 수 있는 다양한 이유와 그런 누락을 다루는 방식이 이유만큼이나 다양하게 실재하기 때문이다. 그러나 생략은 무엇보다도 **선택**을 전제로 하고 있기 때문에 생략 그 자체는 영화의 기본적인 조작들, 즉 분할(découpage)·영상 배치·편집과 밀접하게 관련되어 있다.

생략이 지니는 완전히 실리적인 용법도 있다. 모든 것을 다 이야기하고 보여 주고 지키고 있을 수는 없다. 그러므로 모든 단계에서 잘라낼 필요가 있다. 이런 식의 생략은 가장 오래된 표현 양식으로 비현실적인 허구를 계승하여 영화 줄거리를 구성하고 있다. 생략은 또한 영화 줄거리에는 대단히 **중요하다**. 어떻게 보면, 생략으로만 이루어진 영화는 실재할 수 없을 것 같기 때문이다. 또 어떻게 보면 생략을 하지 않은 이야기도 거의 불가능하다. 초기 영화와 '실재적인 시간(temps reel)'으로 구성된 이야기의 몇몇 경험을 제외하고는(《로프》《하이눈》《5시에서 7시까지의 클레오》), 서술된 줄거리의 시간이 거의 언제나 영화의 상영 시간을 능가하기 때문이다.

기계적인 생략, 수사학적인 생략

이런 측면에서, 생략을 주도한 위대한 선구자들은 그리피스와 에이젠슈테인처럼 편집의 가능성을 발견했던 영화인들이다. 게다가 생략은 영화의 수사학적인 수식들의 대부분의 경우 사실적이다. "편집실에서 만들어 내는 것은 바로 영화가 지니는 모든 표현력이다"라고 웰스는 말했다. 그러나 이야기를 통해 요구할 수 있는 일상적인 서술 생략은 많이 사용되었던 수사이다. 무성 영화에서의 조리개 닫기, 자막, 긴 오버랩들처럼 매우 가시적인 휴지를 통해 오래 전에 경고를 받았으므로, 그 이후 관객은 단순한 장면 전환이 한 시대에서 다른 시대로, 어떤 장소에서 다른 장소로 넘어간다거나 또는 이야기하기에는 너무도 명백한 사건을 건너뛰는 것에 매우 익숙해져 있다.

이야기를 전개하는 데 필연적으로 하게 되는 기계적인 생략에 맞서서는, 생략이 함축된 뜻을 지니고 암시의 기술로 이루어지고 있다는 의미에서, 생략의 수사학적인 용법이 존재한다. 이 기술은 정통 수사학에서는 가장 중요한 기술이다. "고대 로마의 청중들은 무언가를 실제로 말하지 않으면서도 표현하거나 암시할 수 있는 고도의 기법을 길렀다. 정치적인 이유에서 또는 전략상의 이유로, 아니면 좋은 효과를 바라는 단순한 취미로 드러나지 않거나 적어도 무언의 상태로 있으므로 해서 모든 이점을 지니고 있던 그 무언가와 분명 관련이 있었다."[1] 할리우드에서 사용되고 있는 생략으로는 더 좋은 정의를 가질 수 없음을 보게 될 것이다.

이동과 횡령

'수사학적인' 생략의 용법을 모두 열거한다거나 또는 그런 생략을 자주 사용되는 몇몇 기술로 축소하는 것은 분명 불가능하다. 단지 매우 일반적인 주장만을 감히 말해 볼 수 있다. 다시 말해 영화에서 생략은 재미 없는 소재를 제거할 때가 아니라, 어떤 부수적인 장소 쪽으로 관객의 시선을 이동시키거나 행위를 건너뜀으로써 관객이 당연히 예상하고 있던 서술적·시각적인 요소들을 담고 있을 때, 생략은 수사로 이해되고 있다는 주장을 말해 볼 수 있다.

세련되면서 단순한 '**비약들**'이 경우에 따라서는 눈길을 끌 수 있다. 오로지 비약을 왜곡할 목적으로만 자주 정통적인 수사들

---

1) E. Auerbach, 《수사》, 1944, trad. fr. Belin, 1944.

을 사용하는 히치콕은 우리에게 《북북서로 진로를 돌려라》의 끝부분에서 구조 활동의 기본적인 부분을 보여 주지 않고 있다. 그런데도 미적인 차원에서 가장 힘있게 영화에 영향을 강조하는 것은 바로 시각적인 생략의 **이동들**이다.

유일하게 영상이 (더구나 영상과 음향의 결합이) 관객으로 하여금 서로 다른 출처의 자료들을 동시에 이해할 수 있도록 해주는 한, **시각적인 생략**은 영화 줄거리가 지니는 하나의 특성이다. 예를 들어 《파리의 여인》에서 채플린은 플랫폼에 서 있는 한 여성의 얼굴 위에 자신의 모습을 단순히 반영시킴으로써 기차의 통과를 암시하고 있다.[2]

우리가 '시각적인 생략' 이라고 일컫고 있는 수사는 영화 속에서만 존재하는가? 정확히 그렇지는 않다. 그것은 문학수사학이 **역언법(逆言法)**[3]이라 명명한 것의 전환이기 때문이다. 이야기 이론가인 제라르 주네트에 따르면, 역언법에서는 "이야기가 생략에서처럼 한순간을 건너뛰지 않고, 하나의 소재를 벗어나고 있다."(주네트, 1972, p.93) 물론, 주네트가 말하고 있는 '빗겨감'은 공간적으로가 아니다. 단순하게 소재의 점유와 관련이 있다. 있는 그대로, 그런 방법은 영화에, 특히 수수께끼 같은 모든 영

---

2) 그건 근본적으로 경제적인 절약 대책이었다. 스토리가 프랑스에서, 미국 기차와 상당히 다른 기차를 소재로 진행되었기 때문이었다. 기차를 보여 주지 않는 것은 막대한 비용이 드는 무대 배경의 부담을 덜어 주는 것이었다.
3) 요점을 가볍게 취급하듯이 보임으로써 오히려 주의를 끄는 표현법. 〔역주〕

화 줄거리에 실재하고 있다. 하지만 역언법 또한 **일탈**(écart), 즉 드러나지 않은 액션의 시간을 **파기하는** 데 목적을 두지 않고 또 다른 어떤 공간——예를 들어 어떤 얼굴, 어떤 증인의 시선—— 으로 관객의 시선을 우회시킴으로써 표현되지 않은 액션이 계속되는 시간을 보내는 데 목적을 두고 있는 카메라의 **측면 비약** (ce saut de côté)일지도 모른다. 그러나 우리가 **사람이 보이지 않는 빈 화면**, 즉 상징적인 의미를 상당히 지니고 있는 어떤 물건, 벽, 닫혀진 문을 응시할 수밖에 없는 경우라면, 그 효과는 매우 두드러진다.

《로라》의 마지막 장면에서는 월도 리데커가 피사 범위 밖에서 죽어간다. 카메라는 깨진 벽시계 앞으로 고정되어 있지만 우리에게는 로라에게 말하는 그의 최후 사랑 고백만이 들린다.《프렌지》의 주목할 만한 커트에서는, 우리는 거의 1분 동안 인적이 드문 거리를 정면으로 고정하고 있는 영상——긴 침묵은 오로지 건물에서 나오는 날카로운 비명소리와 함께 끝을 맺는다——을 주시하며, 밥스의 비서가 그의 시체를 방금 발견했다는 것을 깨닫게 된다. 그전의 살인 장면이 지나칠 정도로 현실성에 입각해 촬영되었으므로, 여기서 생략은 더더욱 민감하게 느껴진다.

관객이 없는 영화 줄거리란 없다

그럼에도 불구하고 생략이 '빈 공간'이든 '가득 차 있는 공간'이든, 상투적인 서술 표현이든 또는 세련된 수사이든간에 생략은 어떤 경우에도 특기할 만한 교육적인 가치를 지니고 있다. 매번의 순간적인 비약은 이를 표현하는 휴지가 어떠하든지간에 **영화 자료의 단속성**을 상기시키며 강조하고 있다. 이렇게 벌어진 상태들은 일관성 있는 영상들의 맥락이 오로지 영상만을 이야기하고 있지 않다는 것을 상기시켜 준다. 즉 그런 영상들도 영상을 준비하는 사고와 시선을 필요로 한다는 것이다. 시각적인 생략을 하는 경우에는 여전히 더 사실적이다. 분리되어 있는 음향과 영상, 이곳과 다른 곳, 피사 범위와 피사 범위 밖을 서로 유기적으로 연결짓는 데에는 작업에 대한 이해력이 필요하기 때문이다. 생략은 표현할 수 있는 모든 생략 형식을 동원해 반복되고 있다. 관객이 없는 영화 줄거리는 없으니까. 따라서 생략을 하나의 작품처럼 다루기 위해서는 할리우드의 영화처럼 관객의 머리에서 떠나지 않는 영화가 필요했었다.

2. 빠른 편집의 법칙

생략 처리에 적합하지 않은 장르들

생략이 할리우드에서 매우 오래된 것이라면, 생략은 시기적절하게 독창적이고 재미있는 처리를 만들어 내지 못할 것이다. 즉 고전 시대의 첫 단계인 1910년대와 1920년대에 대성공을 한 장르들은 간결함과 생략의 무언에 그다지 적합하지 않았다. 그리피스의 많은 단편 영화들 속에는 분명 재미있는 생략들이 들어 있다. 그러나 그의 서사 영화(《국가의 탄생》《편협》)와 멜로극(《꺾인 꽃》《폭풍 속의 고아들》)에서는 과장과 확대 그리고 그림 같은 영상처럼 특히 화려한 수사들을 기초로 하는 모든 감정의 수사학[4]이 활용되고 있음을 보게 된다. 무성 영화 예술의 가장 유명한 초대작(超大作)들은 아무리 조형적인 차원에서 그것이 세련되더라도, 생략보다는 훨씬 더 수월하게 표현을 중복해서 사용하고 있다. 무르나우와 슈트로하임도, 바쟁이 밝혔듯이, 그들의 영화가 '편집의 기교'를 거부하기 때문에 생략을 사용하지 않고 있다. "사람들은 원하는 만큼 길고 거대한 하나의 쇼트로 이루어진 슈트로하임의 영화를 충분히 상상해 볼 수 있을 것 같다"라고 바쟁은 쓰고 있다.(1985, p.67) 실제로 사실적인 세부 사항들이 지나치게 많이 들어 있는 슈트로하임의 거대한 프레스코 화법의 영화들은 생략에 관해서는 오로지 필름의 단순한 순수 파괴만을 허용했었다. 제작자들이 그의 영화 대부분을 훼손했기 때문이다.

무성 영화 시대의 첫번째 성공 장르인 익살극이 남는다. 시각적인 중첩법과 개그의 시공간적인 전개 그리고 피사 범위 밖에 대한 피사 범위의 우월함을 토대로 해서 만들어지는 익살극은 생략 처리에 유리한 입장을 만들지 못했다. 미국인 비평가 제임스 에이지가 "삶보다 더 빠르고 숨가쁘다"(에이지, 1991, p.23)라고 규정지은 맥 세네트의 익살극 영화들의 템포가 민첩한 것은 특히 대개 열광적인 움직임의 표현으로부터 나오며, 그 영화

---

[4] F. 바누아, 〈고통에 대한 표현 방법〉, 《현기증》 6-7호, 1991 참조.

는 희극적인 역량을 경탄스럽게 폭로하고 있다.

빠른 편집: 불필요한 것을 제거하기

그러나 1920년대부터 그리고 유성 영화가 도래할 때까지 점점 더 구체적인 방법으로 비성문법들은 이중적인 요구 사항, 즉 경제성과 민첩성을 핑계삼아 생략을 할리우드 이야기의 필요불가결한 조건으로 만들고 있다. 스튜디오들이 제작을 꾸준히 많이 그리고 효율적으로 하기 위해 제작을 합리적으로 함에 따라, 이야기도 최대의 수익을 올려야 한다는 절대적인 필요성을 고려해 만들어졌다. 영화 속에 실재하는 모든 요소들이 사건 이해와 등장인물들의 특성 규정에 기여해야 함은 물론이고, 꼭 필요하지 않은 요소들은 모두 가차없이 제거되었다. 이런 이상적인 결과를 달성하는 데에는 왕도, 즉 **빠른 편집**(montage rapide)이 있다. 빠른 편집에서의 생략은 절대적이다. "1920년 이래, 시나리오 작가들에게는 관객의 흥분을 고취시킬 수 있도록 길이가 짧은 쇼트를 이용하라고 권하고 있다"라고 보드웰은 저술하고 있으며(1985, p.47), 빠른 편집은 한 쇼트에서 다른 쇼트로의 '적응 시간'을 단축시킴으로써 관객에게 제공하는 가설의 영역을 줄이고 있다고 설명한다. 관객은 그 쇼트가 선례를 통해 유도된 기대에 부응하는지 또는 그렇지 않은지, 그리고 그 가설이 올바른 것이었는지 확인할 수 있는 시간을 별로 갖지 못하기 때문이다. "마지막 순간에 구조 활동이 있을 때, 관객이 알고 싶어하는 것이 바로 구조원들이 제 시간에 도착할 것인가라는 사실이라면, 그 방법은 당연한 것이라고 보드웰은 말한다. 빠른 편집은 각각의 쇼트에 질문을 던지고, 그것에 대한 대답을 미루다가 결국엔 대답을 제시하는 단 하나의 임무를 정해 줌으로써 관객의 흥분을 최고조에 이르도록 이끌고 있다."(1985, p.48) 또한 서스펜스처럼 '조마조마하게 하는' 효과의 꾸밈은 빠른 편집이라는 수단을 충분히 동원하고 있다.

워너브러더스사의 스타일

게다가 이런 편집 기술은 관객의 집중력을 떨어뜨리지 않으면서 복합적이고 난해하기까지 한 스토리들을 이야기할 수 있게 해준다. 사실상 하나의 장면이 또 다른 장면을 필연적으로 '불러' 오고, 편집 속도로 인해 앞으로 전진해 가기 때문에 관객은 전체에 대한 막연한 이해로 불편하지는 않다. 추이를 지켜봐야 하는 어려운 줄거리를 지닌 범죄 영화들이 제작될 수 있었던 것처럼, 제작 법칙(Code de Production)[5]의 요청이 어두운 지역과 암시들로 가득했음을 더 잘 파악하고 있다. 그래도 《말타의 매》와 《빅 슬립》은 특히 할리우드의 역사에 크게 영향을 미쳤다.

워너브러더스사의 두 영화가 관련이 있을 것이라는 게 우연은 아니다. 워너사에 맞는 예산 절약의 염려가 이 스튜디오에서는 서술 절약이라는 강력한 원칙을 통해 표출되었으므로, 진정한 **스타일**이 빠른 편집에서 비롯되었던 것은 바로 이 스튜디오

---

5) p.72 참조.

에서이다.

　새롭고 다양한 전개를 가지고 있는 복합적인 플롯은 매우 빠른 속도로 전개된다. 짧음은 절대적인 필연 사항이다. 한 시간 반 동안 상영하는 영화는 거의 없고, 대부분의 영화는 75분 정도이며, 어떤 영화들은 한 시간을 겨우 넘기는 정도이다. 잭 워너 ──수많은 제작자들처럼 그도 편집 분야에서는 전문가로 인정받았다──는 한 지점에서 또 다른 지점으로 이동하는 등장인물을 보여 주는 장면들(그가 "신발바닥을 뜨겁게 한다"라고 불렀던 것)을 체계적으로 잘라내게 했다고 한다. "등장인물을 거리에서 문으로 이동시키는 것은 무의미하다. 곧바로 문에서 등장인물을 보여 주라"는 것이다. 쇼트·장면(scène), 그리고 시퀀스 전체의 제거는 촬영하기 전에 시작되었다.(J.-P. 쿠르소동, 《워너브러더스》, 퐁피두센터 출판, 1991)

이런 원칙에 대한 예시는 놀랍게도 이미 인용된 영화들 말고도, 머빈 르로이(《작은 시저》《나는 체인갱 출신의 도망자》)와 마이클 커티즈(《광명 여단의 임무》《카사블랑카》《밀드레드 피어스》) 같은 워너의 아주 훌륭한 몇몇 감독들의 영화를 통해 제공되었다. 전통적으로 보아 시공간적인 기준과 등장인물들의 빠르고 격렬한 구도로 규정되고 있는 갱스터/필름 누아르가 특히 이런 처리를 하는 데 적합하다면, 서술 부분의 빠른 편집이 그 속에서 굵직한 음악곡들의 느리고 과장되고 중복이 심한 편집과 대조를 이루는 한 아직은 더 인상적일 수도 있다는 점을 제외하고는, 버스비 버클리가 안무한 대형 뮤지컬 영화(《1933년의 황금 광들》《각광 행렬》《여인들》《42번가》) 속에서 똑같은 적용을 확인할 수 있다.

변치 않는 전통 문체들을 적용하지 않은 채 워너에서 영화를 만들기는 어렵다. 히치콕의 《다이얼 M을 돌려라》라는 작품이 바로 이에 대한 증거이다. 히치콕의 작품에서는 거의 찾아보기 힘들 듯이, 거의 원형에 가까운 '워너' 스타일의 구도로 시작되고 있다. 즉 장소와 시기, 등장인물들과 경우에 따라서는 인물들의 주된 관계를 환기시켜 주는 일련의 단속적인 쇼트들로 시작되고 있다. 그러나 히치콕은 도전적인 방식으로 거의 패러디한 방식으로써 이를 다루고 있다. 여기서 쇼트들을 빠르게 연속적으로 보여 줌으로써 남편과 함께 있으면 부르주아이고 정부와 함께 있으면 정열적인 그레이스 켈리라는 인물의 **모호성**을 특히 강조할 수 있기 때문이다.

코미디 영화의 쟁점인 속도

프랭크 카프라 또한 워너를 위해 만들었던 2편의 영화──《존 도우를 만나라》와 《비소와 낡은 레이스》──를 빠르게 몰고 갔다. 두번째 작품의 경우에는 스튜디오 혼자의 책임이 아니었다. 모든 장르 중에서도 코미디 영화는 생략의 기술적인 표현인 빠른 편집이 가장 좋은 입지를 차지했던 장르였기 때문이다. **빠름(rapidité)**은 코미디 영화에서는 유일한 쟁점이 되었다. 카프라는 자신이 어떻게 오버랩과 서술의 공백 시간들을 제거하고, 장면 한가운데로 배우들을 낙하시킨 선두주자들 중의 한 사람이었었는지를 회상록에서 말하고 있다.

카프라의 영화들이 실제로 공백 시간을 가차없이 제거하고 있다면, 그 영화들은 인간의 존재──배우의 신체와 사람 무리의 존재──를 바탕으로 만든 영화와는 거의 일치하지 않는 시각적인 생략을 지나치게 실행하지는 않는다. 따라서 카프라는 생략이 불가피한 경우, 다시 말해 검열 때문에 성적인 암시를 해야 하는 경우에만 예외적으로 생략을 사용하고 있다. 또 카프라의 가장 멋진 '역언법'은 《어느 날 밤에 생긴 일》의 끝부분에서 나타나고 있다. 즉 피터와 엘리(C. 게이블/C. 콜버트)는 결국 결합하는 데 자유로워지고 있다. '제리코의 벽(Mur de Jéricho)'은, 다시 말해 그들이 여행을 하는 동안 내내 그들을 갈라놓았던 얇은 담요는 허물어질 수 있다. 담요가 바닥에 왕창 쏟아지는 것과 빛이 꺼지는 것, 트럼펫 소리와 함께 이 모든 것을 확실히 보게 된다.

하워드 혹스는 글로 씌어진 대사의 각각의 시작과 끝부분에 몇 마디를 덧붙임으로써 특히 《연인 프라이데이》에 맞는 다발적인 효과를 얻었다고 설명하고 있다. 표현법과 대화의 민첩성(카바레 희극을 통해 스크린 밖에서 형성된다)은 우디 앨런의 지적 희극에도 여전히 남아 있으며, 미국 코미디를 식별하는 특징 중의 하나이다.

따라서 '코미디 영화=속도'라는 방정식은 항상 확인되었다. 루비치·카프라·프레스턴 스터지스·혹스, 이들은 모두가 서술 조직을 날카롭게 재단했다. 생략들은 이야기를 현기증이 날 정도로까지 민첩하게 만들고 있다. 관객이 시간성에, 게다가 줄거리 전개(《사느냐 죽느냐》는 많은 면에 있어서 코미디 영화의 《빅 슬립》이다!)에서까지도 조금은 헤맨다는 것은 별로 중요하지 않으며, 관객은 다만 이야기의 속도감을 더 민감하게 느끼게 될 뿐이다.

빠른 편집 예찬은 편집의 경제적인 이유 외에도 관객이 지루해 할 수 있는 가능성들을 제로로 만들고 싶었던 것으로 보인다. 이런 공식적인 목적 이면에서 우리는 그러한 선택들이 할리우드 이야기의 철학 전체를 압축 형식으로 표현하였음을 깨닫는다. 액션이나 심리학에 불필요한 모든 요소를 제거하기, 빠른 편집을 이용해 관객의 반응 시간을 최소한으로 줄이기, 이런 것은 **허구 속에 현실을 자격 없이 끼워 넣는 모든 표현 양식을 방해하는 것**이며, 관객의 전적인 지지를 유일하게 보증해 주는 이야기의 유창함을 확보하는 것이었다.

편집 법칙에 대한 저항

그러나 빠른 편집은 할리우드 이야기의 몇몇 장점들을 상당히 설명해 주고 있기는 하지만, 그래도 빠른 편집이 절대적 규준이 된 적은 한번도 없었다. 이런 용법을 준수하느냐 하지 않느냐는 할리우드 산업의 법칙을 따르고 있는——또는 따르는 척하는——영화인들과, 그런 법칙을 언제나 거부했던 영화인들간의 분할선을 그어 주기조차 한다.

때로는 확고하게 거부하는 것보다 자기 고유의 본질을 희생시키지 않으려는 욕구가 더 문제이다. 어떤 영화인들, 특히 유럽 출신의 영화인들은 빠름의 제약들을 잘 받아들이지 못했던 상세하고 독창적인 표현법을 유지했었다. 물론 슈트로하임의 경우가 그러하다. 어쩌면 스턴버그의 경우일 수도 있다. 그의 작품에서는 템포의 완만함(특히 《상하이 특급》에서 상당히 긴 오버랩들을 통해 나타난)이 놀랍게도 그가 상기시킨 장소들——즉 이중성격자들과 변덕이 심한 사람들이 많이 들끓는 장소인 상하이 역, 마카오의 도박장들, 그리고 뉴욕의 화물 창고들——의 혼란스런 분위기를 연상시켜 주고 있다.

때로는, 이와는 반대로, 빠른 속도의 거부가 제도에 동의하지 않는 영화인의 의견 대립과 혁신적인 의도를 나타내는 하나의 수단이 되기도 한다. 당연히 웰스의 경우가 그러하다. 그는 그 어떤 경제성에도 편집을 포기할 수 없을 정도로 지나치게 편집에 신경을 쓰고 있다. 《위대한 앰버슨 가》에서는, 각각의 쇼트가 어떻게 해서 관행보다 조금 더 길었는지를 주목할 수 있었다. 또한 할리우드의 필연적인 요청에 대한 이러한 반발적인 표현 양식은 웰스를 모든 현대성의 기원으로 두고 있다. 하지만 할리우드도 지극히 압도적인 영화가 선동할 수 있었던 저항들 때문에 창조적이었다. 언젠가 콕토는 "《시인의 피》의 편집의 완만함은 아메리칸 편집의 속도에서 나왔다"[6]라고 말할 것이기 때문이다.

---

6) 《카이에 뒤 시네마》, 54호.

3. 에른스트 루비치: 생략의 기술과 수단

장르의 탄생, 법칙의 탄생

이야기의 속도 요인으로서의 생략이 일찌감치 인정받고 적용되더라도, 할리우드 영화가 시각적인 생략이 지닌 섬세함을 밝히고, 완곡어법과 완서법(緩敍法)의 궁극적인 표현 양식인 완화된 수사가 할리우드 영화용으로 어떤 면에서 만들어졌는지를 깨닫는 데에는 특별한 상황들의 결합이 필요했다.

제일 먼저 장르의 탄생이 있었다. **풍속 코미디**(comédie de mœurs)는 생략을 하기에는 아주 이상적인 영역으로 밝혀졌다. 이 장르는 오래 전부터 생략이 관례의 일부분을 이루고 있는 연극을 계승하고 있기 때문이다. 그리고 그것은 무대 배경과 롱쇼트에서보다는 부수적인 사건들에서 배우들의 섬세함을 더 많이 연기하는 내면적인 장르이기 때문이다. 마지막으로, 풍자는 크게 웃음 짓게 하기보다는 비웃게 해야만 하며, 바로 거기서 암시를 통해 처리하는 재미가 나오기 때문이다.

장 루 부르제(1983, p.60)의 말에 의하면, 미국 풍속 코미디는 한편으론 세실 B. 드밀의 세속 코미디 영화와 함께 나왔고, 다른 한편으론 채플린의 《파리의 여인》(1924)과 함께 나왔다고 생각해 볼 수 있다.

일반적으로 드밀의 코미디 영화보다는 역사적으로 실재하는 것들을 총체적으로 묘사한 시대극들을 더 많이 알고 있다. 그러나 드밀의 코미디 영화들은 그의 기호가 기발하고 혁신적인 통사론(syntaxe)이라는 것을 확인시켜 주고 있다. 그 통사론은 가장 중요한 《사기꾼》에서부터 1915년에 사용되었다. 와인버그에 의하면, 루비치는 《금지된 과일》의 아주 섬세한 생략을 통해 강한 인상을 받았었다. 그는 또한 모든 것을 뛰어넘어 《파리의 여인》의 처리에도 탄복했었다. 《파리의 여인》에서 나온 유명한 생략들은, 비록 몇몇 생략들이 엄밀히 말해 경제적인 원인(앞에서 언급한 것 참조) 때문에 나오기는 했지만, 그래도 미학적인 기준이 되었다.

또한 영화는 표현을 시작해야 했었다. 즉 시각적인 생략은 영상으로 보여 주지 않는 것을 음향을 통해 암시할 수 있다는 가능성에서 시작되었다.

마지막으로, 함축된 뜻과 암시의 지배는 할리우드에서 **제작 법칙** 제정으로 결정적으로 자리잡았다.

(특히 배우 로스코 '패티' 아부클과 월리스 리드에 대한) 여러 가지 스캔들이 1920년대에 영화계에 누를 끼쳤다. 가장 청교도적인 계층의 격렬한 비난을 피해 같은 직업을 가지고 있는 사람들 스스로가 자신의 이미지를 도덕적으로 고양시켜야만 했고, 이를 위해서 '제작 법칙'을 갖추었다. 검열이 문제가 아니라 자동검열(autocensure), 즉 극보수주의자의 전 장관인 윌 H. 헤이스의 지휘 아래 제작자들과 배급업자들이 수정을 하는 자동검열이 문제

이다. 그 법칙은 특별한 적용에 이어 (상당히 모호한) 도덕적인 대원칙들을 몇 개 세우고 있다. 특별 부서는 영화 계획이 세워지는 순간부터 그 적용을 확인하는 책임을 진다. 법칙의 필연성은 공식적으로 1930년부터 1968년까지 미국 영화를 지배하고 있다. 오래 전부터 이미 약화되어 온 법칙은 그 시기에 결국 분류 기호 체제(누구나 볼 수 있는 영화, 부모의 입회하에 볼 수 있는 영화 등)로 대체되었다.

생략은 그때 금지된 것, 특히 성을 함축하는 수단이 된다. 따라서 다양한 장르들이 생략을 동원하고 있기는 하지만, 히치콕이나 랑 같은 감독들이 즐거운 마음으로 생략을 사용하고 있더라도, 생략은 코미디 영화에서 가장 큰 평가를 얻고 있다.

'그뤼예르 루비치'

생략은 거의 에른스트 루비치의 '제작 표시'이다. 그는 할리우드에서 제일인자가 되기 이전에 베를린에서 유명한 영화인이었다. 루비치는 생략을 많이 하는 표현 스타일에 속하는 터치——다리 하나, 모방할 수 없는 터치——로 유명했다. 미국인 비평가 제럴드 매스트는 루비치의 기법을 '**부정**의 기술, 즉 보여지지 않는 것, 들리지 않는 것, 얘기되지 않는 것'[7]이라고 기

---

7) G. 매스트, 《*The Comic Mind-Comedy and the Movies*》, The Bobbs Merril Co., Indianapolis/New York, 1973.

술하고 있다. 프랑수아 트뤼포는 유명한 텍스트에서 "그뤼예르 산 치즈 루비치에 난 각각의 구멍은 정말 신기하다"[8]라고 외치고 있다. 물론 재능이 많은 작품을 수사 사용으로 축소하는 것이 문제가 아니라면, 루비치의 작품에서 생략의 연구는 할리우드 표현 양식의 진화에 공헌한 부분만큼이나 그가 지닌 재능의 독창성을 명백하게 밝혀 주고 있다.

제작 법칙을 초월해서

헤이스 법칙의 엄격한 지령들을 왜곡하는 기술이 아메리칸 코미디의 문체로 암시적인 특성, 즉 문체적인 효과를 많이 추구했다는 게 사실이더라도, 루비치의 경우에는 이러한 역사적인 설명을 조금은 세심하게 표현할 필요가 있다.

어떤 면에서 보면, 그 법칙을 위반하고 있지 않으므로 정확히 왜곡과는 관련이 없다. 예를 들어 성과 관련해서 암시되는 것은 많지만 보여지는 것은 아무것도 없다. 실제로는 이야기된 게 아무것도 없다. 즉 몇몇 극단적인 경우(《삶의 구상》)를 제외하고는, 대화도 이미지만큼이나 암시하는 바가 있다. 게다가 루비치의 특수한 상황에서는, 광범위한 생략의 특색은 검열관들을 속여야 한다는 의무를 훨씬 뛰어넘고 있다.

— 그는 그 방법을 자신의 독일 영화들——익살극·시대극

---

8) F. 트뤼포, 〈루비치는 제일인자였다〉, 《카이에 뒤 시네마》, 〈에른스트 루비치 특집〉, 1985.

및 단역과 배경이 지나치게 많은 대풍자 코미디——에서부터 사용하고 있다. 그의 독일 영화들의 특색은 선험적으로 생략 처리에 적합하지 않았다.

《앤 불린》에서는 성적인 의미를 띤 루비치식의 초기 생략이 보인다. 헨리 8세가 공원에서 공을 가지고 놀고 있고, 공은 앤 불린과 왕이 사라진 작은 숲속으로 사라진다.

—— 루비치는 무게 있는 작품들 속에서 생략을 사용하고 있다. 그런 작품 속에서는 생략이 금지된 것을 암시하기 위해서가 아니라 드라마틱하게 요약하는 의미로 사용되었다.

루비치는 모리스 로스탕의 평화주의 작품을 본떠 1931년에 《내가 죽인 남자》를 찍었다. 이 작품은 그에게 미국에서 찍은 유성 영화 경력을 달아 준 유일한 극적인 영화이다. 영화 초반에 외다리 군인의 잃어버린 다리가 놓여 있는 텅 빈 공간 속에서 상향 촬영된 1918년 11월 11일의 행렬이 보인다. 즉 전쟁에 대한 입장 표명이 생략되어 있다.

《천사》(1937)도 상당히 심각한 영화이다. 불운한 우연이 가득 들어 있는 삼각 구도 플롯 때문에, 이 영화는 등장인물들이 갑작스럽고 당혹스러우며 대단히 강렬한 감정의 소용돌이가 있는 상황들을 피할 수 있게 해준 생략이 없었다면 분명 멜로드라마로 전락했을 것이다. 생략은 코미디 영화의 문체를 복구해 주기도 한다. 즉 남편과 부인 그리고 정부를 초대한 불편한 점심 시간을 보여 주지 않으려고 카메라는 주방에 딸린 식탁으로 이동해, 하인들이 악의 없이 분석하는 접시의 내용물을 보여 준다.

— 루비치는 자신의 코미디 영화에서 많은 대목들에 생략을 사용하고 있다. 그의 코미디 영화에서는, 검열에 저항하는 것은 문제가 되지 않는다. 하지만 양식화(樣式化)하는 것, 민첩한 의미 변화들을 통해 곤란한 설명들을 회피하는 것은 문제가 된다.

《니노치카》(1939)에서는, 자본주의 사회에 매력을 느끼고 있는 소련인들의 전환이 모자를 통해 나타나고 있다. 즉 3명의 사절단이 착용하고 있던 유행에 뒤처진 모자들이 우리가 보는 앞에서 실크해트로 바뀐다. 그리고 파리에서 며칠을 보낸 뒤에 니노치카는 자신이 처음 파리에 도착했을 때 대단히 퇴폐적이라고 판단했었던 모자를 쓰고 있다.

— 루비치는 이야기의 깊숙한 곳에서 줄거리에 전혀 영향을 주지 않는, 눈에 띄지 않는 일시적인 생략들을 사용하고 있다. 주의를 기울이는 관객을 위해 준비한 아주 사소한 선물인 이런 부차적인 생략들은 히치콕이 자신의 영화에 출연하는 것처럼 작가의 유희적인 서명들이다. 《길모퉁이 가게》에서는 매튜셰크 상점의 진열장 위에 놓여 있는 담배상자가 할인 판매중임을 알리는 표지가 있고, 《사느냐 죽느냐》에서는 나치 스파이 집을 방문하기 위해 마리아 터라가 입은 무대 의상이 있다.

마지막으로, 생략이 섬세하게 멋을 부린 문체를 암시할 때조차도 가장 뛰어난 루비치식 생략들은 도덕에 맞지 않는 장면들을 숨기고 있지 않음을 주목하자. 《낙원의 분쟁》에서, 괘종시계와 소형 추시계들이 나오는 영상으로만 이루어져 있는 장면은 스크린에서 사랑이 충분히 담긴 저녁 식사를 제거하고 있다. 그리고 《니노치카》의 담배 파는 여점원들을 가두고 있는 문들은 단지 카메라가 그 작품 속으로 들어가는 순간을 몇 분간 지연시켜 줄 뿐이다.

서술적이고 미학적인 절약

따라서 루비치의 작품에서는, 생략이 워너 스타일의 간결함과 마찬가지로 절약에 속한다. 엄밀한 의미에서 볼 때 절약이다. 다시 말해, 장면 하나를 찍는 것보다는 암시하는 것이 비용이 더 적게 들며, 루비치는 자신의 영화를 대부분 심사숙고해 만드는 제작자였음을 잊어서는 안 된다. 그러나 이는 극히 일부분의 설명에 불과하다. 생략은 스튜디오들이 인색하게 굴지 않았던 장식적인 장르인 오페레타(opérette) 속에서도 이루어지고 있기 때문이다. 절약은 특히 서술적이고 미학적인 차원에 속한다. 루비치의 관점에서는 경쾌한 속도감을 위해, 재치 있는 대화를 위해, 이미지가 없는 아름다움을 위해 보통은 사건의 급변을 포기함으로써 이야기의 지나친 혼잡을 피하는 것이 중요하기 때문이다.

셀 수 있을 정도의 확인 가능한 생략을 넘어서서 생략 처리가 광범위한 서술 전체——특히 《낙원의 분쟁》이나 《천사》에서의 프롤로그——또는 시나리오 전체에까지도 영향을 미칠 수 있는 이유가 바로 그것이다. 트뤼포는 《사느냐 죽느냐》에 대해 시나리오가 단순히 읽는 것만으로는 이해되지 않아야 한다고 말하곤 했다. 질 들뢰즈에 따르면, 그 영화는 루비치가 '불명확성(équivocité)의 표시'로서 생략을 가장 깊이 다루었던 영화이다. 실제로도 무대 위에서 폴란드인 배우 집단이 해석한 나치와, 그들이 독일인들 바로 앞에서 실제로 똑같은 역할을 연기하는 방식 사이에는 행동 면에서 아주 작은 차이만이 있을 뿐이다. 그러나 두 상황의 차이는 상당히 크다. 두번째 경우에서는 생사가 걸린 문제이기 때문이다. 그러므로 들뢰즈는 생략이 복합적이라고 규정하고 있다. "그 행동이나 또는 두 행동간에 보이는 아주 사소한 차이는 두 상황간의 아주 큰 차이를 만들어 낸다."(들뢰즈, 1983, p.222)

이 점에 있어서는 (시간적·시각적) 생략이 연출가의 작업이 되는 만큼 시나리오 작가의 작업일 수도 있음을 상기하자. 따라서 루비치가 수많은 코미디 작가들처럼 시나리오를 위해 같은 사람들, 즉 바이다·라파엘슨·브래켓-와일더 듀오와 자주 한 팀을 이루었었다는 것은 중요한 일이다. 그러면서 동시에 그들은 미국 코미디에 모방할 수 없는 완벽한 문체를 갖추어 주었으며, 생략은 미국 코미디에서 아무것도 아니었다.

기존의 관념을 혼란시키는 방법

그런데도 불구하고 생략의 공헌은 아직도 연출 단계에서는 상당히 주목할 만하다. 루비치풍의 생략은 가장 일반적으로 쓰이고 있는 할리우드의 관행(pratiques)을 언제나 혼란스럽게 하고 있다. 생략은 예상하지 못한 곳에서 장면들을 잘라냄으로써 거리낌없이 편집되고 있다. 생략은 피사 범위에서 전경(前景)과 반대되는 위치에서의 촬영을 못하게 하거나, 또는 예상치 못했던 것을 피사 범위에서 제시하고 있다. 생략은 시각적으로나 또는 동작과 관련해서 익숙해진 연결성 장면을 방해하고 있다. 카메라가 배경을 채우고 있는 움직이지 않는 사물들과 닫혀져 있는 문들, 그리고 부재하는 것들을 바라보는 것도 생략이다(반면 배우들은 매우 비싼 개런티를 받고 있다!). 비가시적인 세계는 가시적인 세계보다 우월하게 되고, 피사 밖의 범위는 영화 공간의 구성 요소가 된다. 이 모든 것은 갑작스럽게 상당히 많은 중요성이 부여되어 놀라워하고 기뻐하는 관객의 가장 큰 즐거움을 위해서이다. 관객이 스토리의 가장 큰 승리자이고, 사건의 연결고리들을 심적으로 계속해서 복구시키는 사람이며, 관객의 상상 세계가 피사 범위를 정하는 스크린의 네 모서리 안으로 제한되지 않기 때문이다. 이미지와 허구로 가득한 수동적인 할리우드 영화의 전통적인 소비자에게, 루비치는 현대 영화의 관객을 예고하는 유동성과 유연성을 알려 주고 있다.

결론: 현대성의 증거

실제로 할리우드 표현이 만들어 낸 가장 현대적인 방법인 생략은 유럽 영화에서는 물론이고 현대 미국 영화 가운데서도 가장 성숙한 영화들 속에 현대성의 증거로 남아 있다. 제작 이외에는 생략이 할리우드 영화의 경제성 원칙에도, 윤리 속에도, 철학 속에도 속해 있지 않음을 인정해야 한다. 할리우드 영화는 검열이 없어진 뒤로, 텔레비전의 경쟁과 사고 방식의 진화가 있은 뒤로는 계속해서 경쟁력 있는 조건을 제시하는 경쟁 호가의 시대에 돌입했다. 이러한 사실은 비싼 비용을 들일 수밖에 없었고, 그 이후로는 가능한 한 많이 보여 주고, 말하고, 그리고 예전에는 표현할 수 없다고 믿었던 것들을 표현해 주어야만 했다. 어쩌면 관객의 질린 시선이 부재와 텅 빈 스크린의 새로운 시대를 위한 준비였는지도 모르겠다.

4
스타들의 몸: 수사의 출현

1. 스타 시스템의 정책

주창자들

배우들의 이름이 영화가 시작되는 첫머리 자막에서 조명을 받아 항상 눈에 띄지는 않았다. 1910년경, 초기 열성 팬들에게는 배우들의 이름을 알 수 있는 방법이 없었고, 그래서 그들은 '바이타그래프(Vitagraph)의 여인'에게, 또는 '곱슬머리를 한 여인'에게 편지를 보냈다. 편지와 사진 요구는 넘쳐났으나 트러스트 에디슨의 회사들은 끄떡도 하지 않고 거절했다. 배우들이 자신들의 인기를 그런 식으로 평가해 좀더 높은 보수를 요구하는 데 이용할 수 있을 테니까! 반대로 독립업자들의 측면에서는, 그것은 트러스트에 맞서는 계기였다. 즉 칼 레믈리는 소문과 반박을 이용해 초기 스타들 중의 한 스타의 이름, 즉 플로렌스 로렌스를 '세상에 내놓았다.' **페이머스 플레이어스**의 신조에 따라 '유명 배우들'이 '유명한 공연'을 만든다고 인식한 아돌프 주커는 스타 정책을 계속 펼쳤다. 메리 픽퍼드는 1916년에 채플린·페어뱅크스와 나란히 세상에서 가장 좋은 보수를 받는 여배우가 되었다.

게다가 세 배우는 그리피스와 함께 1919년에, 자신들의 이익과 예술적인 독립을 보호하고자 그들만의 제작·배급 회사 **유나이티드아티스츠**를 창설하게 된다. 그들의 예술적인 독립은 진행되는 과정 속에서 실패를 경험하게 되지만, 그 이름은 흔히 빅5와는 사뭇 다른 정신 속에서 이해되는 질적인 작품들과 관련되어 있다.

할리우드 영화의 후원자

매우 능률적인 광고 부서의 지원을 받아 **팬 매거진**(fan magazines)이 확산되는 현상으로 발전되어 일찍 자리를 잡은 **스타 시스템**은 기능적으로 밀접한 관련을 맺고 있는 스튜디오들의 영화를 지지하는 경제적 후원자가 된다. 초기 스타들 모두가 확고한 계약으로 제작 회사들의 말을 잘 따랐던 '제작사'들의 배우들이었기 때문이다.

1927년부터 할리우드 영화 산업은 매년 가장 훌륭하다고 발표한 영화들에게 주는 보상 시스템을 실시하고 있다. 그 시스템은 다른 작품들 중에서도 '현재 활동하고 있는' 스타들을 돋보이게 하는 효과가 있었다. 스타들은 **아카데미상** 시상식이 **오스카**를 전달하는 과정에서 이루어 낸 의식의 핵심이기 때문이다.

그러나 **스타 시스템**이 '황금기' 전체를 지원하고 빛냈어도, 스타 시스템은 계속 남아 있다. 1960년대부터 시작된 미국 영화의 심도 있는 구조적 변모는 스타들이 보다 더 뛰어난 특색을 갖춘 도금한 소형 입상들을 규칙적으로 받음으로써 여전히 스타로 남아 있다는 사실에 아무것도 변화를 주지 못했다. 그 특색들은 너무도 쉽게 주어지기 때문에, 영화가 비용이 많이 들어가면 갈수록 점점 더 인기 배우의 이름은 상업적인 성공 요인이 되고 있다.

액터스 스튜디오와 새로운 스타들

1950년대와 1960년대에는 모든 게 변화될 수 있었을 것 같다. 말론 브랜도·폴 뉴먼·제임스 딘·몽고메리 클리프트 그리고 **액터스 스튜디오**(Actors Studio: 1947년에 엘리아 카잔이 설립, 리 스트라스버그가 오랫동안 경영) 출신의 모든 배우들은 그들 직업이 요구하고 스타의 신화와는 모든 면에서 대조가 되는 자기 자신에 대한 작업을 의식하고 있는 명석한 배우 세대를 이루는 듯했다. 이런 흐름에서 나온 배우들——로버트 드 니로·더스틴 호프먼·알 파치노——은 분명 인간에 훨씬 더 가깝고, 극단적인 인물들 속에서 자신의 이미지를 한결같이 위태롭게 만드는 할리우드 옛 배우들과는 또 다른 재능을 지닌 스타들이다. 하지만 예전의 아주 엄격했던 계약에서 벗어난 스튜디오 이후의 돌연변이 스타들은 그만큼 명석하게 자신들의 경력을 관리하고, 자신의 재능을 이용해 돈을 벌 줄 알며, 그들의 소중한 대리인들은 유일한 지도자가 된다. 신세대이든 그렇지 않든 미국 스타들은 보통 사람들과의 차이를 과거보다 훨씬 더 크게 벌리는 막대한 금액을 벌어들이고 있다. 해리슨 포드·실베스터 스탤론, 또는 아널드 슈워제네거 같은 사람들이 오늘날 누리고 있는 사회적인 지위가, 스타는 모든 혼란에도 지속되었던 유일한 할리우드 제도임을 충분히 입증해 주고 있다.

2. 예외의 수사

그러나 **스타 시스템**이 할리우드 영화의 중심 요소 중의 하나로 영구히 남기에는 스타들의 경제적인 홍보 관리만으로는 충분하지 못했을 것이다. 경제적인 쟁점은 아주 급속하게 예술적인 쟁점으로 변모되었다. 영화 속에서의 스타의 존재는 근본적인 차별 요인——이는 다른 모든 배우들과는 구별되는 것——이었기 때문에, 인기 배우의 존재는 **외관상**(의상·분장·조명)으로 중대한 영향을 줄 뿐 아니라 이야기 전개와 연출에 대해서도 상당한 영향을 미치고 있다. 이 책에서는 스타의 주변에서 펼쳐지고 있는 영화에 관한 수사들을 모두 검토해 보지는 않을 것이고, 할리우드가 역사적으로 어김없이 동원했었던 박스오피스(box-office)의 확실한 지지자들인 **올스타 캐스츠**(all-star casts)의 아주 특별한 경우에 대해서도 관심 갖지 않을 것이다.

여러 배우들의 결합이 조명으로 인해 관객을 현혹한다고 여겨지는 경우에는, 그 결합이 여기서 우리가 관심을 보이고 있는 **수사의 출현**을 부수적인 것으로 만들기 때문이다. 스타가 정말로 인기 배우일 때, 다시 말해 혼자만 스타이거나 또는 커플로 스타일 때, 스타가 스크린에 나타나는 순간——영화 첫머리 자막에서 빛났던 이름이 결국에는 하나의 몸이 되는 순간——은 그런 사실이 포함하고 있는 모든 난점들과 더불어 대단히 값지다. 영화 초반의 주요 쟁점 중의 하나가 되어 버린 스타의 등장이 생략과 무관하지는 않다. 모든 것이, 거기서는 여전히, 보여 주느냐 보여 주지 않느냐, 말하느냐 말하지 않느냐의 선택의 문제이다. 횡령(frustration)을 하면서 욕구를 생성시켜 주는 것이다.

배우와 등장인물 사이

인기 배우는 단순한 '영화 등장인물,' 즉 복합적인 개념 그 자체를 훨씬 넘고 있다. 이중적인 개념을 지니고 있기 때문이다. 다시 말해, 한편으로 영화 속 인물은 연기하는 배우를 빼면 이해될 수 없고, 또 다른 한편으로 관객은 배우의 연기 해석과 역할 그 자체에서 나오는 등장인물의 모호한 상태를 항상 어느 정도는 명백하게 이해하고 있기 때문이다.

배우가 스타일 때, 그 배우의 얼굴은 대중에게 잘 알려져 있고, 대중의 기대를 한몸에 받고 있기에, 상황은 더 복잡하다. 스타는 오로지 영화 속에서 사용된 서술 유형이 하나 또는 여러 개의 주요 역할에 좌우된다는 이유 때문에 존재한다. 그런데 스크린에서 이런 주요 역할들은 대개가 주연 배우들이 연기하고 있다는 사실을 통해서 쉽게 식별될 수 있다. 관객의 정신력 집중은 관객에게 기준으로 이용되는 알려진 얼굴이 없을 때에는 언제나 더디게 이루어지고 더 어렵다. 그리고 그런 선택이 예산상 강요된 것이 아닐 때에는 보통 확고하고 약간은 도전적이다. 예를 들어 올드리치는 의도적으로 《죽도록 키스를》의 여성 인물들을 대중에게 거의 알려지지 않은 연극 배우들로만 선택했다.

그러므로 스타는 **이야기의 원인인 동시에 결과**이다. 이런 역설적인 표현은 내적인 세계(univers diégétique)로의 스타 도입이 매우 어려운 작업임을 설명해 주고 있다. 물론, 이와 똑같은 분석이 조연 역할 전문 배우들에게도 유효하다. 즉 에드워드 에버렛 호턴이나 마거릿 더몬트 같은 성격파 배우들(character actors)의 출연만으로도 그들이 맡은 등장인물을 설정하고 확인시켜 줄 수 있다. 하지만 이런 배우들의 덜 화려한 사회적 지위가 그들에게 스타들보다는 훨씬 더 자유롭게 허구를 드나드는 친숙한 모습들을 만들어 주고 있다.

또 다른 모순은 **스타의 고독**(solitude de la star)이라고 칭할 수 있는 것을 관리하는 데 있다. 이야기와 연출을 통한 처리 단계에서는, 스타 배우가 언제나 관객의 주요 기준으로 그 영화에서 첫번째로 영향을 미치는 요소로 남을 수 있도록 해주어야 하고, 다른 면에서는 스타 배우가 가능한 한 자연스럽게 허구 속에서 자신의 자리를 잡을 수 있게, 다른 등장인물들과 그럴듯한 관계를 맺을 수 있게, 그리고 배우의 실감나는 개성에 따라서——적어도 부분적으로는——흔히 이해되었던 무대에서 적어도 부분적으로는 섞이도록 해주어야 한다.

배우에서 주인공까지, 주인공에서 배우까지

이런 문제들은 물론 인기 배우의 특별한 사회적 지위에서 비롯되고 있다. 에드가 모랭은 《인기 배우들》(1970, p.220)에서 다음과 같이 기술하고 있다. "스타란 개성의 변증법의 산물이다. 즉 배우는 자신이 맡은 주인공 안에 자신의 개성을 부과하고, 그 주인공들은 배우에게 주인공의 개성을 강요하고 있다. 이런 이중 인상(surimpression)에서 혼성된 존재, 즉 인기 배우가 탄생한다." 사회가 매우 균형잡힌 사람으로 이해하고 있는 인기 배우는 한 개인의 현실 세계와 대중 매체들이 제시하고 있는 이미지, 자신이 이전에 연기했었던 역할들의 인물 묘사, 그리고 서로 어울리지 않는 이런 잡다한 요소들의 결합이 일궈낸 전설적인 측면을 동시에 혼합해서 지니고 있는 존재이다. 따라서 인기 배우는 모랭이 초개성(surpersonnalité)이라 부른 것의 혜택을 입고 있다.

3. 스타들의 몸을 연출하기

가려내기, 드러내기

미학적인 처리 단계에서는 이런 초개성이 오히려 방해가 된다. 인기 배우가 잘 알려진 인물이라서 즉각적으로 확인되어 버린다면, 그 인물은 영화 초반에 알려지지 않은 부분을 간직하고 있어야 한다. 따라서 연출과 시나리오, 배우 자신의 연기, 여기에 사진까지도 인기 배우의 알려진 얼굴과 없어서는 안 될 등장인물의 신비감을 겸하고 있어야 한다.

문제는 매우 예리하게 마를렌 디트리히 같은 인기 배우에게서 제기된다. 그녀의 뛰어난 아름다움·말투·몸매는 전체 배우들 중에서도 쉽게 그녀를 알아볼 수 있게 해준다. 《상하이 특급》의 초반에는, 어느 역에 밀집해 있는 군중들 속에서 자동차에서 급하게 나오는 배우가 보인다. 베일에 가려진 배우의 얼굴을 비추는 아주 짧은 쇼트는 배우를 확인시켜 주고, 그런 다음 배우는 다른 등장인물들이 기차 안에 있는 유명한 상하이 릴리에 관해 얘기하는 동안에 군중들 속으로 또다시 사라진다. 《천사》 초반에는, 인기 배우가 출현하나 분명히 자신의 이름이 아닌 이름 하나를 대고 있으며, 그 배우는 프롤로그 끝까지 계속되는 불확실함, 즉 모험가로 인정될 수 있는 것처럼 귀부인이라고 인정받을 수도 있다. 이런 난해한 유형의 태도가 디트리히에게는 가능하다. 그녀는 대체로 약간은 모호한 역할, 협잡꾼 역할, 설정하기 어려운 여자 역할들을 연기하였기 때문이다. 이 두 가지 실례에서는 인기 배우가 지니고 있는 개인적인 특이성과 이미지가 영화 초반의 미적·서술적 선택에 상당한 영향을 미치고 있다는 것을 의심하지 않는다.

값진 순간

인기 배우의 초개성은 또 다른 모순을 야기한다. 사람들이 인기 배우를 기다리는 이유는 무엇인가? 앞에서 말했듯이 인기 배우는 관객을 허구 속에 빠져들 수 있게 하는 것이다. 관객이 인기 배우와 유지하고 있는 개인적인 관계(경탄 · 사랑)는 부분적으로 영화에 대한 관심 집중과 영화를 수용하는 조건이 된다. 그러므로 인기 배우는 당연히 가능한 한 일찍 나타나야 한다. 동시에 이런 출현은 너무나도 값진 순간이기에 그 순간을 대충대충 만들어서도, 그 순간을 함부로 사용해 가치를 떨어뜨려서도 안 된다. 그렇기 때문에 인기 배우에 대해 말을 하게 하면서, 또는 비유적인 의미처럼 본래의 의미로 인기 배우의 베일을 차츰차츰 벗겨냄으로써, 인기 배우를 보여 주지 않고도 인기 배우를 제시하려는 세련됨이 나오고 있다.

《밴드 왜건》에서 프레드 아스테어의 등장은 인기 배우의 개념이 장면(scène)에서 말하자면 액자형으로 구조화되었던 만큼 더더욱 공들여 만들어져 있다. 토니 헌터는 지금은 어느 누구도 관심 가져 주지 않는 브로드웨이의 전(前) 인기 배우이지만, 그의 영화는 성공적으로 재회를 이야기하게 된다. 아스테어도 자기 자신을 조금도 개의치 않는 노배우이다. 따라서 아이러니는 여기서 아스테어의 존재를 드러내기 위해 사용된 원리이다. 아스테어는 극장의 커튼과 유사한 실질적인 또는 상징적인 일종의 가리개들 뒤에서 차츰차츰 드러나고 있다. 즉 오페라 해트와 경매에 부쳐진 지팡이, 자기 이름을 기재하고 있는 광고판, 기차 속에서 그에 대해 말을 하는 두 승객, 마지막으로 그가 두 사람의 대화를 듣고 있는 동안 그의 얼굴을 가리고 있는 신문 같은 가리개들 뒤에서 아스테어는 조금씩 나타나고 있다. 이런 단계적인 삽입은, 에바 가드너의 역할이 토니와는 반대로 인기 절정에 있는 인기 배우를 연상시킬 목적으로만 사용되고는 곧 사라지는 한, 영상에 거의 갑작스럽게 보여지는 에바 가드너의 출현과는 대비가 된다.

분할 선택

대개 이런 단계적인 발견은 분할(découpage)이라는 표현 속에서 이루어진다. 그때 선택은 시간적으로 짧은 간격을 두고 연속적으로 일어나는 쇼트들 속에서, 게다가 배우의 신체를 부분적으로 보여 주는 클로즈업된 화면들이나, 또는 인기 배우의 대중적인 이미지에 더 적합하고 조금은 덜 당황스러우며 전체적으로 더 많이 잡힌 영상을 제시하는 후경(後景)에서도 이루어지고 있다.

이런 견지에서 볼 때 《이창》의 첫부분은 매우 재미있다. 상이한 두 태도가 대립되고 있기 때문이다. 다리 골절로 인해 소파에서 꿈쩍도 못하는 제임스 스튜어트는 무엇보다도 눈을 감고 있는 표정을 하고 있고, 몸도 움직이지 못한다. 카메라는 천천히 이를 훑는다. 모든 일은 그가 자고 있는 동안에 그의 주변에서 일어나고 있다. 반면 이런 무기력은 후에 전도된다. 다시 말해 그는 언제나 망을 보는 시선이 된다. 그레이스 켈리가 연기한 여자 주인공의 이미지는 전통적으로 세련되고 우아한 상류 사회의 젊은 여성이다. 히치콕은 그런 이미지를 변모시키기는커녕 무대로의 화려한 등장으로 철저하게 그런 이미지를 만들고 있다. 무대에서 등장인물은 인기 배우로서의 모습을 드러내고 있다. 즉 그레이스 켈리는 대화가 강조하는 화려한 의상을 입고, 자신의 행동 하나하나를 풀어내며, 좀더 자신의 주변을 밝히기 위해 불을 켠다. 그 인물이 모든 단계에서, 다시 말해 볼품없는 아주 작은 독신자 아파트에서, 그녀에게서 바라는 게 없는 이 남자의 삶 속에서, 그리고 자기 시야에서조차도 부적합했던 것만큼 더더욱 의식(rituel)은 도전적이다. 왜냐하면 제임스 스튜어트는 거의 대부분을 반대 방향에서(창문을 통해) 바라보고 있기 때문이다. (더욱이 그는 그녀가 마당에 또는 마주 보이는 건물 안에 있을 때에만 실제로 그녀를 바라보고 있다.) 모순은 영화 내내 유희적인 방식으로 계속되고 있다. 그레이스 켈리가 늘 우아하고 별로 편해 보이지 않는 마네킹의 원피스를 입고서 위험스런 조사를 하고 있기 때문이다. 반면 마지막 장면에서는 제임스 스튜어트 옆에 있는 침대에 편하게 누워 있는 그녀는 청바지에 셔츠·단화 차림이다. 그러나 궁극적인 핑계는 그저 그의 약혼자가 잠자리에 들자마자 패션 잡지 《하퍼스 바자》를 더 잘 훑어보기 위해서일 뿐이다!

설사 전후 상황이 강요하지는 않더라도 인기 배우가 모든 상황에서 특출한 외모를 유지하고 있다는 사실은 해학적으로 다루어질 수 있는 어떤 구속을 나타낸다. 그러나 이야기 속에서 인기 배우의 갑작스런 출현이 만들어 낼 수 있고 만들어 내야 하는 효과를 위해 진실임직한 것을 기꺼이 포기하는 할리우드 영화에서는 매우 자주 보이는 어떤 모습이 문제임을 상기하자. 《보바리 부인》에서 눈부시게 하얀 제니퍼 존스의 얼굴이 나오는 첫번째 장면은 노르망디 농가에 있는 플로베르의 엠마 루오의 출현이라기보다는 유명한 무대의상가(《바람과 함께 사라지다》의 의상을 만들었던 월터 플렁켓)가 만들어 준 옷을 입은 어느 할리우드 여배우의 출현이라 할 수 있다. 제니퍼 존스는 아주 잘 알려진 여배우이다. 하지만 그녀는 특히 데이비드 O. 셀즈닉이 개인적으로 발굴한 사람(그리고는 곧 그의 아내가 된다)이라는 사실로 '스타덤에 올랐고,' 데이비드 O. 셀즈닉은 제니퍼가 자기 마음에 들게 분장하고, 의상을 입고, 영화를 찍을 수 있게 자신이 습관적으로 하던 '메모'들을 통해 제작에 활기를 불어넣었다.

4. 필연적인 존재의 조절

장르와 연관된 등장

실제로 인기 배우를 소개하기 위해 영화에서 선택하고 있는 진행 방법들은 여러 가지 요인에 따라, 예를 들어 역할 그 자체, 배우가 지니고 있는 이미지와 사회적 지위, 그리고 폭넓게는 영화의 장르에 따라 달라진다. 고전 문학의 각색은 할리우드에서는 화려하고 과장된 장르이고, (너무도 잘 알려져 있고, 눈부시게 빛나고, 지극히 상징적인) 엠마 보바리라는 인물은 눈부심(eblouissement)의 원칙으로 이해된 무대 등장을 입증하고 있다. 반면에 코미디 영화에서는 그 모습이 훨씬 더 자유로운 형식으로 다루어질 수 있을 것이다. 《아기 양육》에서, 공룡의 뼈대 같은 곳에서 살고 있는 캐리 그랜트의 태도에는 위엄스런 모습이 전혀 없다. 특히 서사 장르인 서부 영화에서는 주연 배우가 대개 가장 용맹스런 측면에서 일찍 등장하고 있다. 예를 들면 《리오 브라보》에 나오는 존 웨인이나 《서부의 사나이》의 영화 첫머리 자막에서부터 말 위에서 경치를 내려다보고 있는 엄숙한 모습의 게리 쿠퍼의 경우가 그러하다. 마찬가지로 필름 누아르나 탐정 영화에서도 수사를 주도하는 인물(사설탐정·경찰관)이 영화의 초반에 등장하고 있다. 그 인물이 줄거리를 이끌어 가며 진행시키고 있기 때문이다. 남자 배우가 통속적이고 우호적인 대중적인 이미지(예를 들어 《북북서로 진로를 돌려라》의 초반의 캐리 그랜트)를 지니고 있을 때에는 그런 원리가 한층 더 확고해진다. 제임스 스튜어트 또한 그런 이미지를 지니고 있으며, 그는 대개 다른 배우들의 모습을 조금도 퇴색시키지 않는 검소한 모습으로 등장하고 있다. 《길모퉁이 가게》의 매력적인 프롤로그에서는 그가 상점의 문이 열리기를 기다리는 직원들 속에서, 따뜻한 말투의 서술을 만들어 낸 일종의 시각적인 민주주의(démocratie visuelle)에서 조화롭게 융합되어 있다.

효과-부재

　영화 초반부에 인기 배우의 존재를 조절하는 이런 모든 진행 방법들에는 좀더 효력이 강한 또 다른 방법, 즉 부재가 있다. 이 방법이 연극에서는 관례적으로 이루어지고 있듯이, 그저 주요 인물의 등장을 늦추는 것에만 관련되어 있지는 않다. 할리우드 영화에서 인기 배우의 부재는 '음각(intaille)'이라 이름 붙일 수 있을 것 같은 하나의 기술로 나타나며, 강조되고 있다(카메오와는 반대로, 음각은 움푹하게 새겨진 돌이다[1]). 그 기술은 눈에 띄지 않는 인기 배우의 주변을 이야기 속에서 나타나게 하고, 관객이 바라는 기대를 극도로 참을 수 없게 만들고 있다. 기대(attente)는 영속할 수도 그렇지 않을 수도 있다. 효과의 부재는 시간 문제가 아니라 강도(intensité) 문제이기 때문이다. 《맨발의 백작 부인》에서 에바 가드너의 첫번째 모습은 열정적으로 기대되었다. 무엇보다도 관객이 확실한 방법으로 그녀의 부재에 직면했기 때문에, 즉 (그녀의 손을 비춰 주는 영상을 제외하고는) 에바 가드너의 모습이 춤추는 첫 장면 동안에는 보여지지 않았고, 그래서 사람들은 그녀에게 노출된 시선만을 보았기 때문이다.

---

　1) 이 표현은 우연히 선택된 것이 아니다. 즉 카메오cameo(camee)와 관련되어 있다. 카메오는 영화 속에서 인기 배우가 맡은 작은 역할을 가리킨다. 여기서 문제가 되고 있는 효과-부재와는 달리, 카메오 효과는 말의 본래의 의미에서 볼 때 짧은 시간 동안만 나오는 출현 **강조**를 목표로 하고 있다.

그녀의 발견은 아직도 벗은 발에 대한 상징적인 쇼트에 의해 조절되고 있고, 그 쇼트는 우리가 그녀의 모습 전체를 발견한 쇼트보다 앞서 나오고 있다.

《로라》에서 진 티어니의 존재가 취하고 있는 낯선 우회로는 분명 영화와 여배우를 신화화(mythification)하는 데 충분한 공헌을 했다. 진 티어니가 맡은 인물은 영화 전반부에서는 죽은 사람으로 간주되었기 때문에, 진 티어니는 무엇보다도 로라 헌트의 초상화를 통해서만 존재한다. 이 초상화는 장식적인 가치만을 지니고 있는 것과는 달리, 등장인물들의 갈등만큼이나 연출을 조직하고 있다. 이 점에 관해서는 《부재의 수사들》에서 마르크 베르네의 멋진 장면들을 읽을 수 있다. 상당히 긴 도입 부분 끝에 그토록 기대되던 인기 배우는 짐작했던 대로 플래시백(리데커에서 맥 퍼슨까지의 이야기)에서 모습을 나타낸다. 인기 배우의 출현은 아주 미세한 극적인 사건의 대상이 되고 있다. 처음에는 등을 보이며 앉아 있는 모습을 보이던 진 티어니가 일어나더니 몸을 돌려 우리에게 얼굴을 보여 준다. 그러나 이러한 등장은 기대에 어긋나는 만큼 눈에 띄지 않는다. 초상화에 비해 차이가 나기 때문이다. 즉 로라 헌트는 아직도 어린 여점원에 불과하고, 예쁘기는 하지만 평범하게 옷을 입고 있으며, 위대한 월도 리데커에게 접근하는 방식에서 수줍음을 타는 여점원에 불과하기 때문이다. 인기 배우의 '진짜' 등장은, 진짜 로라 헌트가 자기 집에 들어가서 맥 퍼슨이 초상화 밑에서 잠들어 있는 것을 보게 될 때, 세번째로 반복된 모티프에서만 이루어지고 있다. 그 순간 그 스타의 등장은 인기 배우에게서 모든 신체적인 특성(아주 멋진 흰색 외투, 모자, 화려하게 빛나고 있는 얼굴)과 정신적인 특성(단호하고 교만하기까지 한 권위주의적인 태도)을 끌어내고 있다.

드러나지 않는 존재

이런 실례를 통해 인기 배우의 부재가 단순히 비유적일 수도 있다는 것을 알고 있다. 즉 인기 배우의 부재는 별로 익숙하지 않는 모습으로 일순간 우리들이 인기 배우를 보지 못하게 숨기는 스크린에서 일어난다. 가르보가 《니노치카》의 전반부에서 공공연히 드러내던 의상과 근엄한 걸음걸이는 우리가 알고 있는 화려한 제복 차림으로 치장한 인기 배우의 출현을 상당히 지연시키고 있다. 이는 사랑과 호화로운 파리 생활이 배우의 저항을 누를 때 배우가 화려한 파티복을 입고 나오는 경우이다. 《니노치카》를 리메이크한 뮤지컬 《실크 스타킹》에서는, 시드 채리스가 연기한 젊은 여인의 신체적인 변모는 긴 춤으로 관례화되었다. 춤을 오래 추는 동안에 시드 채리스는 자신을 다른 여인으로 만들어 줄 모든 소품들을 끼고 있다. 마치 소품들이 《화니 페이스》에서 오드리 헵번을 진정한 할리우드의 미인으로 탄생시키는 것처럼, 모든 기교와 환상을 만들어 내고 있다.

인기 배우의 늙은 모습, 추한 모습, 변장한 모습 등 여전히 좀 더 철저해진 스타의 왜곡된 경우들이 일시적일 뿐이라는 것을 알고 있다. 그때까지만 해도 젊은 남자로 분장했던 캐서린 헵번이 《실비아 스칼렛》에서 여자로 출연한 것이나, 또는 《가라, 항해자여》에서 베트 데이비스의 출연처럼 연출에 의해 교묘하게 준비된 스타의 부활을 관객이 기대하는 것은 배가되는 만족감과 역효과를 가져다 주는 것이 아무것도 없다는 사실 때문이다. 이 두 경우에, 그리고 다른 많은 경우에도 인기 배우 자체는 엄밀히 말하자면 **변신하고 있다**.

세번째 부재 방법은 거의 은유적이다. 즉 대개 스타의 이미지는 영화 초반부터 영웅의 이미지와는 일치하지 않는다. 배우는 실패를 겪고, 어려운 입장에 처해 있으며(《이창》), 사회적으로 열등한 인물(《존 도우를 만나라》에서의 게리 쿠퍼)로 나타난다. 이전의 영화 속에서처럼, 이제는 단지 화려한 시작을 기대하는 것은 문제가 되지 않는다. 영화 전체는 인기 배우 자신을 통한 인기 배우의 재정복이 천천히 이루어지는 이야기, 즉 영화는 매력적인 방식으로 등장인물과 배우 그리고 배우의 이미지에 대해 궁극적인 관계 회복 쪽으로 이야기를 이끌어 가기를 지향하는 과정이다.

눈에 띄지 않는 등장인물

부재를 표현하는 이러한 방법들 중에서 가장 눈길을 끄는 것은, 말하자면 눈에 띄지 않는 인물을 표현하는 방법이다. 중요한 역할들이 인기 배우들처럼 전혀 기능을 하지 못하는 영화들이 있다. 그 자리가 역설적으로 거대한 상상적 공간을 차지하고 있는 부재로 대체되고 있다는 단순한 이유에서이다. 이는 엄밀히 말해 하나의 목소리, 예를 들어《세 아내에게 보내는 편지》

에 나오는 애디 로스의 목소리일 수 있다(그녀는 눈에 띄지는 않지만 제일 중요한 세 여성 역할에 직면한 유일한 인기 배우이다). 이는 어떤 문자의 흔적, 보편적으로 존재하는 이니셜의 묘사일 수 있다. 히치콕 영화의 레베카(Rebecca)의 'R'처럼 어떤 이니셜의 흔적일 수 있다. 조앤 폰테인의 등장이 조금도 특별한 작업 대상이 되지 않는다면, 이는 그 이야기의 진짜 인기 배우가 부재자 레베카이기 때문이다. 셀즈닉은 그런 사실에 대해, 진짜 인기 배우는 표현할 수 없으며, 조앤 폰테인이 연기한 서툴고 소심한 인물을 완전히 압도하고 있다고 말한다.

여기서는 또한 **주관적인 카메라**(caméra subjective: 관객은 카메라 위치에 자리잡고 있어 눈에 띄지 않는 어떤 인물의 시선을 통해 행동을 보고 있다)의 기법, 즉 경우에 따라서 다음처럼 할 수 있었던 카메라 기법의 특수한 효과들을 주목할 수 있다.

— 인기 배우의 실망스런 부재를 심화시킬 수 있었다. 《야간통행자》에서 빈센트 패리(H. 보가트)의 얼굴은 성형을 통해 변모되었다고 추정된다. 붕대를 감싸고 있던 얼굴은 약 40여 분이 지난 뒤에야 모습을 나타냈으며, 얼굴은 영화가 한 시간이 흐른 뒤에야 완벽하게 드러났다. 전반부에서 카메라의 '주관성(subjectivité)'은 매우 상대적이다. 모든 장면들이 패리의 관점에 의거해 촬영되지 않았기 때문이다. 또 다른 측면에서 볼 때, 보가트의 존재는 언제나 그의 목소리를 통해서, 그의 실루엣, 그늘에 가려진 그의 얼굴을 통해서 암시되었다. 이는 계략을 좀더 효율적으로 만들고 있다.

— 스크린에서는 결코 볼 수 없지만 중요 인물의 존재를 나타낼 수 있었다. 《행정부 수반》의 초반에, 우리는 잠시 동안 사장 에이버리 불러드의 몸 안에서 그와 함께 그의 최후 순간을 체험하고 있다. 비록 존재하지는 않지만 그 인물은 이야기 전개와 다른 인물들의 결정에 대거 힘을 실어 주고 있다.

주관적인 카메라의 기법은 1946년 (챈들러에 의해) 《호수의 여인》에서 극에 달했음을 상기해 보자. 이런 준실험 영화 속에서, 연출가이며 연기자인 로버트 몽고메리는 영화의 처음과 끝부분 그리고 자신의 모습을 포착하고 있는 몇몇 거울 속에서만 모습을 드러내고 있다. 그리고 그 사이에는 모든 행위가 그의 시점으로 촬영되었다. 치밀하게 계획된 모습은 의미를 나타내지 않으며, 《호수의 여인》은 단순한 호기심에 불과하다.

선택된 기법이 무엇이든지간에, 여러 영화인들의 작품 속에서 인기 배우의 등장을 조절하고 있는 도색 작업을 평가하려면 때로는 영화가 끝날 때까지 기다려야 한다——그리고 경우에 따라서는 영화를 한 번 이상 보아야 한다. 대개 이런 엄숙한 모습을 통해 전체에 대한 섬세한 균형이 이뤄지고 있기 때문이다. 할리우드 영화는 아주 작은 영향력도 지니고 있지 않으며, 오로지 완벽한 전체 속에서만 이해될 수 있는 유기체처럼 작동하고 있다.

5
히치콕과 서스펜스 이야기

 이전의 장들을 보면서, 여기서는 이야기(récit)의 측정 단위나 순간들보다는 서술과 연출의 형태(configurations)를 검토하는 것이 중요함을 이해했을 것이다. 그 형태는 범위를 한정하고 설정하는 것이 어려운 만큼 흔히 더 흥미롭다. 어떠한 형태도 분명 서스펜스보다는 더 재미있지 못하다. 영화의 수사학적인 효과를 분명하게 그리려고 하면서부터 사용할 수밖에 없었던 모든 표현들처럼, 영화의 수사학적인 효과는 모호하고 확실하지가 못하다. 그 효과가 탐정 문학이나 영화에 일률적으로 적용되고 있기 때문일까? 아니면 강렬한 대중화의 반향을 겪고 있기 때문일까? 조금이라도 음산하거나 납득하기 어려운 줄거리는 '서스펜스 영화'라 칭해지며,[1] 게다가 또 청소년들이 '서스펜스가 없다'는 핑계를 대며 액션이 없는 소설이나 영화를 거절하는 경우도 드물지 않게 일어나고 있다. 마치 서스펜스가 하나의 장

---

 1) 특히 집에서 녹음한 카세트용 재킷을 만들어 내고, 여러 장르들의 생존 경쟁 속에서 아주 폭넓은 장면들을 자주 실행하고 있는 비디오 잡지들의 분류 속에서.

르가 아닌 이야기 자체의 특성이라는 듯이.

1. 서스펜스=이야기?

미국인 창조자들

이런 면에서, 미국인 창조자들은 사실상 그르지 않다. 영어식 표현인 **서스펜스**(suspense)가 프랑스어 동의어인 '긴박감(suspens)'으로 충분히 대체되기 때문이며, 서스펜스는 순수한 기대, 즉 이야기의 후속으로 무엇이 예정되어 있는지를 자문해 보는 독자의 불확실함이 되기 위해 수사물이라는 암시적 의미를 잃고 있기 때문이다. 물론 그 개념을 매우 복합적이고 논쟁적으로 만들어 주는 것은 바로 방대한 의미의 폭이다. 서스펜스에 관해 지면을 할애한 잡지 《씨네막시옹》(n° 71)의 최근 호는 코믹 영화 속에서, '제임스 본드' 작품 속에서, 포르노 영화에서, 만화 영화 등에서 서스펜스를 다루고 있다. 그리고 서스펜스는 서로 상반되는 두 개의 기사로 마무리되고 있다. 두 기사 중 한 기사에 의하면 서스펜스는 아무것도 아니지만, 또 다른 기사에 의하면 서스펜스는 모든 것이 된다. 바르텔레미 아망귀알에 의하면, 그건 "인형극(théâtre Guignol)과 대인형극(Grand Guignol)을 통해 흔히들 말하는 미술의 대열에 올라선 초보적인 기법, 유치한 방식, 즉 그 꾸밈새에서까지도 서투른" 기교이다. 프랜시스 보다에 의하면, "서스펜스, 즉 영화를 이루는 요소가 아니다. 서스펜스를 창조한 사람들은 영화 창조자들이다. 즉 뤼미에르나 멜리에스가 아니라 포터와 그리피스인 것이다."

서스펜스가 두 개의 공간과 두 개의 행위를 동시 진행으로 다룰 수 있게 해주는 **교차편집**(montage alterné) 기술 덕택인 한, 서스펜스의 대부 자격을 그리피스에게 돌리는 것은 당연하다. 에드윈 S. 포터까지 거슬러 올라간다는 것은, 서스펜스가 영화 이야기 전체의 기본이 되고 있음을 폭넓게 생각하는 것이다.

에디슨 스튜디오에서 1900년부터 감독을 한 에드윈 S. 포터는 《미국인 소방수의 생활》(1903)과 같은 해에 연출한 《대열차 강도》로 영화상의 문체와 이야기의 기본을 제시했던 인물로 간주되었다.

그는 그런 식으로 그리피스를 위해 분위기를 조성했다. 그리피스의 가장 주목할 만한 공헌은 바로 바이오그래프사의 단편 영화(《*The Fatal Hour*》《*The Lonely Villa*》《론데일 통신사》)에서부터 시작해 위대한 영화 작품들(예를 들어 《국가의 탄생》에서 교차편집으로 촬영된 추격 장면 참조) 속에서 사용한 교차편집 기술이었다.

'데드라인'

이미 생략을 통해 보았지만, 사실상 할리우드 영화의 기술 행위를 살펴본다 함은 대부분의 시간을 할리우드의 이야기가 제작되었던 특이한 원칙들 분석에 할애하는 것과 같다. 이 경우에는 서스펜스가 압축된 표현 양식으로, 격양된 표현 양식으로 그런 원칙들을 적용하고 있다. 서스펜스는 특히 **데드라인** 규칙을, 즉 행위가 결말을 향해 계속해서 나아갈 수 있도록 행위에 정해 놓은 제한 시간이나 날짜의 규칙을 극도로 밀어붙이고 있다.

데드라인의 증후는, 보드웰이 보여 주고 있듯이, 할리우드 희곡론의 여러 제작 특징 중의 하나이다.[2] 시간/날짜 제한으로 줄거리 전체가 **역동성을 띠는** 장르 영화는 셀 수 없을 정도로 많다. 그리고 그런 영화는 무장 강도 행위(《살인》), 휴가중인 세 해군의 귀환(《온 더 타운》), 어느 신문사의 편집(《마스크를 벗어라》, 원제는 《데드라인 유에스에이》), 뒤로 미루거나 취소하는 것이 중요한 출발(《세인트 루이스에서 만나요》)과 관련되어 있다. **데드라인**은 눈에는 잘 띄지 않을 수는 있지만, 그래도 실재할 수 있다. 예를 들어 1편의 영화가 플래시백 형태로 진행될 때, 현재로 되돌아오는 순간이 바로 데드라인이다.

보드웰에 의하면, 서로 다른 영화들과 현대 영화는 스토리가 계속되는 시간에 어떤 한계를 부과하는 것에 대한 거부로 특징지어진다. 그는 에이젠슈테인·오즈 야스지로·타티·펠리니·베리만·안토니오니의 작품 속에서 시간 처리를 인용하고 있다. 그는 이들 작품에 무르나우와 스턴버그의 미국 영화들과 내적인 시간을 제한해야 하는 모든 의무를 멋지게 무시하고 있는 슈트로하임의 미국 영화들, 그리고 조금 지나서는 랑의 미국 영화들

---

2) 데드라인에 대해서는, D. 보드웰, 《고전 영화에서의 시간》, 1985, p.46.

을 덧붙일 수 있었을지도 모르겠다. 이들의 시나리오들은 데드라인의 원칙에 맞는 시간 확대 현상을 무시하면서 반대로 지나칠 정도로 빠르게 진전되고 있다. 일반적으로 할리우드의 유럽 출신 영화인들은 이야기의 시간을 처리하는 방식에서 흔히 자신들의 독창성을 보이고 있다.

서스펜스 영화에서는 데드라인의 기법이 모든 형식으로 강조되고 있다. 다시 말해 데드라인은 부수적인 데드라인들을 만들어 내는 여러 시퀀스들 안에서 대체로 반복되고 있고, 그 기간은 좀더 짧으며, 시간은 불가피하게 흐르는 시간의 흐름 속에서 암시되고 있다(손목시계나 추시계의 바늘 삽입만으로도 서스펜스적인 작은 수사가 된다). 모든 관객의 입장인 기다리는 태도는 초조하고 매우 불안한 상태가 된다. 따라서 서스펜스는 어떤 장르나 어떤 작가의 표시를 훨씬 넘어선 고전 할리우드 이야기의 **클라이맥스 상태**이다.

2. 히치콕식 서스펜스의 단계

서스펜스의 의미 폭이 넓음에도 불구하고, 여기서는 오로지 가장 제한적인 서스펜스의 의미(제한적인 의미 자체도 아직까지는 충분히 넓다) 안에서만, 즉 히치콕식의 서스펜스 안에서만 서스펜스의 개념을 고찰해 볼 것이다. 히치콕이 서스펜스를 만들어 내서도 아니고, 이 영국 출신 영화인의 작품 속에서 서스펜스에 대한 사랑을 불러일으켜 주었던 것이 할리우드이기 때문도 아니다. 그러나 그의 미국 영화들은 수용하는 맥락만큼이나 주제와 제작 차원에서 수사 연구에 있어 가장 일관성 있는 조화로움을 이루고 있다. 즉 히치콕은 (분류를 좋아하는) 할리우드 영화를 통해 '서스펜스 제작자'로 재빨리 분류되었다. 더욱이 이런 사실은 그를 어느 정도밖에 만족시켜 주지 못하지만, 우리에게는 그의 영화에 대한 최상의 순간들을 만들어 주고 있다. 할리우드식 논리는 서스펜스가 영화의 원인인 동시에 결과이기를 바라고 있다. 그게 바로 서스펜스이고, 따라서 그건 히치콕의 작품이며, 고로 그것은 서스펜스인 것이다. 히치콕은 이런 평판의 희생자였다는 인상을 줄 수도 있다. 그러나 그의 대부분의 영화는 반대로 그가 어떤 면에서 그런 평판을 제압하고있는지를 증명해 주고 있다.

히치콕식 서스펜스는 다음 단계에서 서로 상이한 세 가지 방식으로 영화 속에 개입되고 있음을 생각해 볼 수 있다.

• **시나리오의 골격을 이루는 하나의 큰 의문처럼**, 영화 전체 또는 영화의 상당 부분 속에 서스펜스는 개입되어 있다. 그러나 히치콕은 자신의 시나리오들이 단순하게 **누가 죽였는지**(who-dunnits='누가 죽였나?')를 보여 주기를 거부하고 있으므로 질문이 제기된 방식은 다양한 변주에 적합하다.

예를 들어 《사이코》에서는 전반부가 단정적이다. 즉 죄악은 아이에 대한 독점욕이 강한 노먼 베이츠의 어머니가 한 행위이다. 그 단정이 후반부를 이끄는 불안한 의문으로 변모하려면,

베이츠 부인이 오래 전에 죽었음을 알려 주는 보안관 릴라 크레인의 방문을 기다려야 한다. 《오인된 사람》에서는, 대중이 금방 마니(H. 폰다)에 대한 비밀을 알게 되고, 그리고 그 의문은 경찰이 언제 자신의 오류를 인식하게 되는가로 바뀐다. 서스펜스는 등장인물들의 지식보다는 우위에 있고, 작가들의 지식보다는 처지는 관객의 지식의 정확한 **균형** 위에서 이루어지고 있다.

• **커다란 서스펜스의 구체적인 요소들**처럼 기능을 하는 개개의 에피소드와 신(scène) 단계에서 서스펜스는 개입되고 있다. 이때 서스펜스는 전체 구성과 비교해 전략적인 위치에 놓여져 있는, 시나리오가 제한하는 서술 단위에 해당된다. 이런 시퀀스들은 매우 치밀하고 극적인 측면에서 생동감이 넘친다(《열차의 이방인》에서의 테니스 게임, 《의혹》에서의 자동차 경주, 《북북서로 진로를 돌려라》에서의 비행기 신, 《나는 비밀을 안다》에서의 콘서트). 그러나 그 시퀀스들은 또한 그 행위의 전면적인 중지로, 예를 들어 《현기증》에서 스코티(J. 스튜어트)가 행한 마들렌(K. 노박)의 긴 미행을 통해 나타날 수 있다.

• 마지막으로, **마이크로서스펜스**(micro-suspense)라고, 즉 작품에서 중심이 되는 중요한 모티프들에 조화를 만들어 주는 우발적인 사건들이라고 이름 붙일 수 있는 단계에서 서스펜스는 개입되고 있다. 《북북서로 진로를 돌려라》의 시나리오는 마이크로서스펜스가 여기저기에 깔려 있지만, 그러나 엄밀히 말해 커다란 서스펜스 신이 없는 《의혹의 그림자》 같은 영화 속에서

어쩌면 그 서스펜스들이 더 많이 나타나고 있는지도 모르겠다. 찰리(J. 코튼)의 귀환으로 발생된 모든 두려움은 영화가 진행되면서 교묘하게 만들어지는 불확실함과 대수롭지 않은 기대감의 조직 속에서 생겨나고 있다.

서스펜스가 영화 속에서 수사(figure)로서 가장 많이 확인 가능한 것이라면, 여기서 우리의 관심을 가장 많이 끄는 것은 바로 두번째 범주이다. 그 수사가 히치콕의 작품 세계에서 취하고 있는 표현 양식이 어떠하든지간에, 그 수사는 언제나 시간과 공간의 어떤 결합의 결과물이다.

3. 시간 · 편집 · 공간

역설적인 시간

서스펜스가 무엇보다도 **기대감**, 우리가 방금 보았듯이 관객의 지식으로 인해 방향지워진 기대감이라면, 서스펜스는 영화의 시간과 깊은 관련이 있다. 약간의 정보 과잉은 히치콕이 트뤼포에게 테이블 밑에 숨겨져 있는 폭탄의 예를 들어 자세히 말하고 있는 대로 '서스펜스'와 '서프라이즈'의 변별을 가능하게 해준다. 그 테이블 주위에 모인 사람들의 대화는 '15초간의 서프라이즈나 15분간의 서스펜스'를 야기할 수 있는 폭탄의 존재를 사람들이 알고 있느냐 모르고 있느냐에 따라 분명 매우 다르게 이해되었다. 히치콕은 "서프라이즈가 '트위스트(twist)'일 때를 제외하고는, 다시 말해 예기치 못한 사건의 결론이 재치 있는 일화일 때를 제외하고는, 할 수 있을 때마다 매번 관객에게 정보를 주어야 한다"라는 결론을 짓고 있다.(트뤼포, 1983, p.59)

이미 앞에서 말했듯이, 서스펜스는 두 공간과 두 행위(또는 그 이상의 공간과 행위)가 같은 시퀀스 안에서 공존할 수 있게 해주는 평행 또는 교차편집에서 비롯된다. 그렇기 때문에 일시적인 팽창(étirement)이 있고, 모든 서스펜스 시퀀스에 동반하고 있는 아주 탁월한 **확장(dilatation)**은 더 역설적이다. 서스펜스의 순간이 숨가쁘게 빨리 서술하는 하나의 요인처럼 체험되기 때문이다. 하지만 서스펜스 시간은 모든 측면에서 역설적인 시간이다. 사실 생략처럼 서스펜스는 이야기가 없는 순간이다. 다시 말해 잠깐 동안 정말로 **아무런 이야기도 하지 않는** 순간이다. 우리는 편집을 통해 이야기가 전개되고 있는 시간에서 무한대로 늘어날 수 있는 모호한 시간성으로 넘어가고 있으며, 편집을 하는 유일한 목표는 감동을 만들어 내기 위해서이다. 서스펜스는 실제로 순수한 감정이 일어나는 순간이다. 그 감정은 관객이 다른 관점에서 그 등장인물들과 유지하고 있는 관계와는 거의 무관하다는 의미에서 그러하다. 테이블 밑에 있는 폭탄의 예를 다시 취함으로써, 히치콕은 위험에 빠져 있는 등장인물들이 '적의를 품고 있는' 집단이라고 생각하고 있다. "이런 상황에서조차도 나는 관객이 '아, 좋아. 그 사람들은 모두 끝장날 거야'라고 말할 거라고는 생각지 않는다. 오히려 '조심해요, 폭탄이 있어요'라고 말할 것 같다. 이는 무엇을 의미하는가? 폭탄에 대한 이해가 등장인물에 대한 연민의 개념들보다 더 강력하다는 것을 의미한다."(트뤼포, 1983, p.57) 이런 절대적인 두려움은 감정 집중에서 초연한 상태이며, 분명 서스펜스 기법에서 가장 주목할 만한 효과이다.

편집 문제

그렇다면 서스펜스는 편집과 분리될 수 없는가? 절대 그렇지 않다. 영화는 단 하나의 쇼트에 어떤 서스펜스 형식을 만들어 내는 수단들을 연극에서 물려받았다. 《물 뿌리는 사람》 이후, 위험과 협박(또는 선량한 농담)은 피사체 영역의 그 어떤 지점에서, 흔히 자신을 기다리고 있는 게 무엇인지 짐작도 하지 못한 채 일에 열중하고 있는, 위기에 처한 순진한 인물의 뒤에서 발생할 수도 있음을 알고 있다.

스플리트 스크린(split screen; 스크린을 둘 또는 여러 부분으로 분할하기)의 수단은, 관객이 시선과 관심을 분리시킬 수 있다면, 관객으로 하여금 이론상 여러 개의 행위를 동시에 쫓을 수 있게 해주는 방법으로, 가장 많이 만들어진 형식이다. 고드롤트와 호스트(1990, p.141)는 플레이셔의 《보스톤에서 온 교살자》를 그러한 예로 제시하고 있다.

히치콕은 기술적인 트릭을 쓰지는 않지만 거대한 자금을 요하는 장면 배치(미장센)를 이용해서, 스플리트 스크린의 기술을 다음의 영화에서 보여 주고 있다.

— 《이창》에서, 창문을 통해 제프(J. 스튜어트)는 살인자라고 추정되는 사람의 아파트를 리사(G. 켈리)가 수색하는 것을 주시하고 있다. 동시에 같은 쇼트의 피사체 영역의 왼쪽에서는 혐의를 받고 있는 살인자가 자신의 집으로 향하는 계단을 오르고 있는 것이 보인다. 그 효과는 놀라울 정도이다. 관객의 불안은 부동의 힘없는 제프의 불안으로, 어찌 보면 허구 속에 관객을 대신해 들어가 있는 사람의 불안으로 대체된다.

— 《마니》에서, 주인공(T. 헤드렌)이 러틀랜드 회사의 금고에서 돈을 훔칠 때, 카메라는 넓게 찍은 같은 롱쇼트에서 금고 앞에서는 마니가 분주하게 움직이고 있고, 화면이 둘로 나뉘어진 칸막이 벽 다른 쪽에서는 사무실을 청소하기 위해 청소부가 도착하는 모습을 보여 주고 있다.

이 두 경우에 편집을 사용하지 않으려면 조절하기가 상당히 어려운 롱쇼트들과 커다란 배경이 필요하다는 것을 안다. 즉 그러한 기법들은 예외적이다. 피사체 영역 내의 위험 발생은 아주 간단한 서프라이즈 효과들과 관계가 있을 수 있다. 예를 들어 《북북서로 진로를 돌려라》의 마지막 에피소드에서는 주인공도 모르는 사이에 추격자들 중의 한 사람이 피사체 영역 깊은 곳에 도착하는 것이 보인다. 그러나 하나의 시퀀스 전체나 일련의 시퀀스 전체에 영향을 미치는 폭넓은 수사로서의 서스펜스는 상당수의 경우 편집 문제이다.

하지만 편집은, 그것이 비록 기술적으로 상상할 수 없는 것일 때조차도, 제대로 갖추어진 단편들이 때로는 단 하나의 쇼트를 이루고 있다는 인상을 만들어 주는 그런 유연한 흐름을 할리우드 이야기 속에서 얻었다. 멜라니(T. 헤드렌)가 보드가베이 학교 밖에서 기다리고 있는 《새》의 추이를 보자. 이 시퀀스는 조용히 담배를 피우고 있는 멜라니 뒤에서 위협적인 새들이 앉아 있는 하나의 쇼트로 전체적인 인상을 남기고 있다. 사실, 새들에게서 그러한 업적을 얻는 것은 불가능했을지도 모르겠다. 그 시퀀스의 **첫번째 쇼트**는 멜라니와 그녀의 등 뒤로 다가오는 새 한 마리를 보여 줄 뿐이기 때문이다. 그 다음 장면은, 온통 새들로 덮인 현관을 통해 결국엔 가장 강력한 효과가 만들어지도록 많이 잘렸고, 고의로 생략되었다. 앙드레 바쟁이 어느 유명한 기사에서 설명한 대로 '편집 금지'의 규칙을 히치콕이 적용하지 않았을 것이라는 것은 있을 수 있는 일이었다.(1985, p.49) 멜라니의 등 뒤에서 몰래 피사체의 영역을 침범하는 새들을 실제로 볼 것 같은 단 하나의 쇼트가 할리우드 규범의 관점에서는 매우 느리게 진행될 것 같기 때문이다.

실제 공간과 상징적인 공간

히치콕식 서스펜스에서 문제가 되고 있는 공간은 두 가지 중요한 형식을 취하고 있다. 하나의 공간은 실제 공간이다. 《북북서로 진로를 돌려라》에서는 비행기의 공격이 있기 전에 러시모어 산과 들판의 끝없는 허공이 나오고, 《파괴공작원》과 《현기증》에서는 현기증을 일으킬 만한 고지가 나온다. 그리고 《열차의 이방인》에서는 무분별한 말타기, 《무대공포증》에서는 극장, 《나는 비밀을 안다》에서는 알버트홀, 《찢어진 커튼》에서는 거대하고 삭막한 베를린 박물관이 나온다. 히치콕의 작품에는 기념비적인 광경의 테마가 꼭 나온다. 그 장면에서는 공간과 등장인물들의 관계에서 거의 필연적으로 불안이 생기고 있다. 장소의 크기, 그 장소를 점령하고 있는 대상들의 거대한 규모에 압도되어 등장인물들은 소형화의 끔찍한 위험들, 특히 실제로든 상징적으로든 거의 모든 히치콕의 등장인물들을 위협하는 좌절을 겪고 있다.[3]

그러나 효과는 반대로 **갇힌** 공간에서 발생할 수 있다. 《로프》에서는 최종적인 삽화가 데이비드의 시신이 누워 있는 상자이다. 이 영화에서의 서스펜스 효과는 상당수가 식탁보와 촛대를 갖춘 테이블로 변모되어 있는 상자와 지속적으로 근접해 있다는 데서 생기고 있다. 이런 사실은 물론 '하나의 쇼트'에 대한 선입견이 함축하고 있는 카메라의 꾸불꾸불한 코스를 통해 매우 강조되고 있다.

《로프》는 하나의 기술적인 도박이었다. 실제 시간으로 진행된 영화였고, 따라서 전체적으로 지속성을 지닌 영화였다. 실제로도 거의 감지되지 않는 방식으로 10분 동안 연결되어 있는 **10분 동**

---

3) 1994년 1월에 있었던 영화예술역사 대학에서의 강연인 '히치콕과 금자탑'에서 마르크 베르네가 상술한 주제. 그 강연에서 로네오 등사기로 등사된 사본은 프랑스의 시네마테크에서 사용할 수 있다.(소책자 n° 6: 《전문가와 아마추어: 대가의 솜씨》)

안 찍기(ten minutes takes: 필름 틀이 감고 있는 필름의 최대 양인 10분간의 롱테이크)와 관련이 있다. 히치콕은 트뤼포에게 재미없는 실험이었다고 표명하고 있지만, 그래도 역시 그 영화는 시네마에 대해 연구하고 사고해 볼 만한 아주 재미있는 대상이다.

《다이얼 M을 돌려라》에서는 아파트처럼 협소한 공간이 나온다. 이 영화는 작은 주거 공간의 어느 한 지점에서 다른 지점으로 이동하며 등장인물들이 만들어 낼 수 있는 짧은 코스를 바탕으로 해서 촬영이 이루어진 영화, 즉 런던의 주택난에 대한 영화이다. 그리고 그 작은 주거 공간은 보기에도 지나치게 많은 장식이 되어 있었다. 쇼트들은 램프나 장식 소품들 또는 일부 가구들로 가득한 상태이고, 일용품들은 모두 가깝게 놓여 있다. 계단이 문 가까이에 있지 않았다면, 가위가 전화기 옆에 있지 않았다면, 반짇고리가 책상 근처에 있지 않았다면 시나리오 전체는 다르게 진행됐을 것이다.

그러나 물건의 포화 상태가 현실적이지만은 않다. 그것은 상징적이고 시각적이고 서술적이다. 《다이얼 M을 돌려라》에서는 항상 살인 장면이 토니(R. 밀란드) 앞에서 명확하게 묘사되었던 반면, 엄청나게 많은 장애물들은 그가 걸어가는 길에 쏟아져 나와 그의 모든 계획들을 저지하고 있다. 죽음조차도 토니를 속였고, 그가 계단 카페트 밑에서 열쇠를 찾아내는 최후의 순간에서야 비로소 이해하게 될 것이라고 속였다. 그때 행동은 하찮은 기대감으로 축소된다. 만약 문이 열린다면, 그건 토니가 죄인이기 때문이다. 그리고 관객은 손잡이에서 일시정지되고 있다. 여전히 생략과의 공통점이 있다. 즉 서스펜스는 **서술적이고 시각적인 자료들의 축소**를 이용하고 있다. 우리는 극이 전개되는 협소하기까지 한 공간 이외에는 생각하고 싶지 않다. 뿐만 아니라 우리는 운명적인 그 순간에 어떠한 일탈도, 우리에게 '신선한 공기를 쐬게 해줄 것 같은' 어떠한 쇼트도 받아들일 것 같지 않다.

가장 좋은 실례 하나가 바로 《열차의 이방인》에서의 테니스 경기이다. 테니스 챔피언인 기(F. 그레인저)는 부인을 살해한 죄로 기소되었다. 실제로는 브루노(R. 월커)가 죽였다. 브루노가 기에게 결정적으로 유죄 판결을 내릴 수 있게 할 증거물인 라이터를 범죄 현장에 놔두기 위해 범행 장소에 제 시간에 도착하는 것을 방해하고 싶다면, 기는 3세트로 된 경기를 이겨야 한다. 기가 세 번째 세트를 지고 있는 동안, 브루노는 하수구에 라이터를 떨어뜨린다. 그리고 서스펜스의 불안은 잡히지 않는 라이터를 잡으려고 애쓰는 손가락을 근접 촬영하고 있는 장면에서 명확해진다. 여기서는 생략의 '빈 스크린'에 가깝다.

주인과 노예의 중간인 관객

그러한 축소는 또 다른 해석 방식들을 허용하지 않는다. 가장 뛰어난 히치콕식의 서스펜스들은 선행된 게 무엇인지 놓쳤을 때와 극적인 문제를 모르는 때에는 단순하게 이해할 수 없다. 하지만 그것을 안다 하더라도 선택은 없다. 편집의 엄정한 작동을 이해해야 한다. 그러므로 앞에서 넌지시 암시했던 것처럼, 서스펜스는 단순한 효과가 아니라 **특별히 절대적인 긴급한 이야기를 구축하는 방법**——생략처럼, 플래시백처럼——이라는 것이다. 서스펜스는 흔히 관객을 혹독한 시련 상태에 빠지게 한다고 말한다. 실제로 이런 시련은 감정이 강하게 긴장하는 순간 이상으로 진행된다. 공들여 만든 모든 수사처럼 서스펜스는 관객을 통해서 추정되는 반응을 이야기 자체의 소재로 만들고 있다. 히치콕이 "나는 관객의 지휘로 만든다"라고 선언했을 때, 그 말은 단순한 농담만은 아니었다. 서스펜스의 관객은 주인의 입장과 노예의 입장 사이에서 언제나 주저하고 있다.

어떤 면에서 보면, 편집을 통해 신출귀몰하는 재능을 부여받았는데도 관객은 등장인물들에 대해 지극히 상대적인 우월함만을 즐기고 있다. 관객은 서술적인 단계의 선택——이미 보았듯이, 대개 횡령(frustration)의 원리에 입각해 이루어진 선택——을 따를 수밖에 없기 때문이다. 편집은 (장면 사이(entre-plans)이며 필름의 접합 면을 통해서만 구체적으로 나타나는 완전히 가상적이고 환상적인 공간을 생략 속에서 보고 싶은 듯이) 그저 옆에서 주시하고 싶어할 것 같은 순간에, **사람들이 본 것에 대해 말하는 곳에서** 관객으로 하여금 그것을 보게 하고 있다. 롱쇼트가 관객에게 독수리의 시각을 제시할 때, 그건 《이창》에서의 제임스 스튜어트처럼 막을 수 없는 재앙들을 목격하기 위해서이다.

또 다른 면에서 보면, 관객은 상반되는 감정과 태도들을 수용할 수밖에 없다. 관객은 임박해진 재앙이 도래하기 위한 기회가 별로 없다는 것을 잘 알면서도 한편으론 그런 재앙이 곧 생겨날 수도 있음(재앙이 생길 수 없다면 서스펜스는 활동하지 않는다)

을 생각해야 한다. 위기에 처한 등장인물이 호감이 가는 인물이기 때문이며, 그런 인물은 긍정적인 배우가 연기하기 때문이며 (그렇기 때문에 《찢어진 커튼》에서의 폴 뉴먼은 실제로 배신자일 수는 없다), 사실 우리는 모든 서스펜스가 계약에 의해 해결 국면으로 진행되어 가는 히치콕의 영화 속에 빠져 있기 때문이다. 거기에는 또 다른 모순이 있다. 즉 그 해결 국면이란 것은 고대하는 것인 동시에 거절하는 것이다. 서스펜스는, 마르크 베르네가 보여 주고 있듯이, "기다리는 즐거움, 바라는 즐거움이기는 하지만, 그러나 아무런 것도 발생하지 않도록 영화와 믿음을 지속시키려는 연장된 기다림의 즐거움은 아니다."[4] 기대감의 끝은 감동의 끝이며 또한 영화의 끝이다.

요컨대 관객은 히치콕의 영화를 필히 객관적으로 바라볼 줄 알아야 한다. 그러면서도 다른 한편으로는 동의하는 희생자들을 연기하기 위해 순간 히치콕의 영화를 잊는 즐거움을 느낄 줄도 알아야 한다. 그러므로 히치콕의 관객의 마음속에서는 생각지 못한 원숙함이 상당히 많이 있다. 즉 히치콕의 영웅들이 흔히 가짜 죄인들이라면, 그의 관객들은 모두가 가짜 바보들이다.

---

4) 〈탐정 영화〉, 《영화 읽기》, p.183.

6
플래시백: 과거의 음성

허구의 과거 속으로 되돌아가게 하는 서술 방법인 **플래시백**은 일반적으로 **플래시**(flash)란 단어가 암시하지 못하는 훨씬 긴 기간으로 확대되고 있으며, 자주 영화가 흐르는 시간 전체로 확대되기도 한다. 일시적인 문맥의 변화는 대개 영어로 voice over라 하는 외적인(extradiégétique) 서술 음성을 동반하고 있다.

프랑스어로 사용되는 '화면 밖의 목소리(voix off)'란 용어는 혼돈을 유발할 여지가 있다. '화면 속의 목소리(voix in)'와 대립되어, 단순히 피사체 영역 밖에 있을지도 모를 내적인 목소리와 외적인 화면 밖의 목소리가 구별되지 않기 때문이다. 영화의 목소리에 관한 미셸 시옹의 중대한 연구가 있은 후에는,[1] 그가 목소리를 지칭하기 위해 고안해 냈던 표현, 모든 모호성들을 제거하고 있는 표현, 즉 **'화자의 음성**(voix-je)'을 채택할 수 있다.

---

[1] 미셸 시옹, 《영화의 음성》, Éditions de l'Etoile, 1982. 화자의 음성(voix-je)에 관해서는, Ch. 메츠, 《객관적인 진술 또는 영화의 지역》, 〈화자의 음성 그리고 유사한 음향들〉, Méridiens-Klincksieck, 1991 참조.

연대순을 깊은 혼란에 빠뜨리는 교란자로서의 플래시백이 현대적인 서술 표현 방식과 관련이 있다면, 이야기를 하는 인물이 행한 과거로의 단순한 회귀는 문학 작품 그 자체만큼이나 똑같이 오래된 장치이다. 예를 들어 《오디세이아》의 일부분(제9에서 제12까지의 서사시 포함)은 과거로의 긴 회귀로 이루어져 있다. 율리시스는 페니키아인들의 섬에서 자신이 이전에 겪은 모험들을 이야기하도록 유도되었기 때문이다.

고전 소설은 일종의 **플래시백** 규칙을 전적으로 따르고 있다고까지 말할 수 있다. 언어로 표현되는 시제들의 전통적인 과거는 암묵적으로는 서술자(화자의 음성)가 행동하고 있는 현재를 전제로 하고 있으며, 서술자는 현재에서 이전의 사건들을 되돌아(back)보며, **화면 밖의 목소리**에 해당하는 방식으로 이전에 일어난 사건들을 이야기하기 때문이다. F. 바누아(1989, p.157)가 다음과 같이 기술하는 것처럼 말이다. "기술 행위(écriture)는 거의 자동적으로 서술상 허구의 선행성의 효과를 만들어 내고 있으며, 반면 영화는 동시성의 효과를 낳고 있다."

1. 플래시백의 기능을 지닌 시네마

영상은 사실 언제나 현재 시제이다. 또한 플래시백은 과거 여행이라는 착각을 일으킬 정도로, 《칼리가리 박사의 밀실》에서 시작해 《라쇼몽》의 그 유명한 상반된 플래시백들을 거쳐 《히로시마 내 사랑》까지, 영화가 제일 흔하게 사용하는 하나의 기법이다. 할리우드 영화가 영화로서 섬세하고 함축적이며 다양한 방식으로 수사를 다듬었다면, 그건 할리우드 영화가 분명히 비현실적인 고전 이야기와 관련이 있고, 또 콩트의 서술 방식과도 상관이 있기 때문이다. 즉 할리우드 영화의 주된 음색은 플래시백이 매우 자연스럽게 영상으로 표현하고 있는 '예전에 있었다(Il était une fois)'는 음색이다.

마찬가지로 할리우드 이야기——이는 특히 장르 영화 속에서 보인다——는 할리우드만의 현실 세계를 창조할 수 있게 허용해 주는 **기법(conventions)**들보다 절대로 더 간단하지가 않다. 그런데 플래시백은 일시적으로나마 모든 비판적인 의미를 옆으로 제쳐두기를 관객에게 요구하고 있으므로, 플래시백은 모든 수사들 중에서도 가장 많은 기법을 지니고 있다. 어느 등장인물의 기억 속으로 침투하는 게 중요할 때, 정신적인 영상들은 유추해 낸 영상들로 표현될 수 있으며, 과거는 현재 다음에 올 수 있으며, 그리고 플래시백의 도입 방식(오버랩, 전진 이동, 회상을 하고 있는 인물의 시선을 클로즈업하기)이 종결되자마자 우리들 모두는 거울 속에서 바라다보았던 경우처럼 똑같이 분명하게 타인의 기억과 상상 세계를 탐색할 수 있는 점쟁이들이라는 것을 인정할 수 있어야 한다.

이런 점에서, 과거로의 여행은 영화에서 꿈 여행과 매우 유사하다. 그리고 현실에서 꿈으로 넘어갈 수 있게 해주는 방법들은 대개 똑같다. 여전히 모든 것은 기법 문제이다. 《오즈의 마법사》에서는 '현실의' 시작과 끝은 흑백으로, 가운데 부분의 꿈은 컬러로 처리되어 있다. 이는 검증될 수 있는 어떠한 심리적 현상에도 분명 해당되지 않는다. 컬러는 상징적으로 꿈을 가리킨다. 또 어떤 면에서는 1939년에 오직 상업적인 이용을 하던 초기에만 있던 번쩍거리는 테크니컬러의 사용에 더 높은 평가를 부여하는 것과 관련이 있다.

또 다른 측면에서는, 산업화된 제작의 욕구를 제공하기 위해 기술 행위(écriture)는 할리우드에서 고도의 기술(technicité)을 소유한 강력하고 열정적인 작업이다. 그러므로 똑같은 서술 기법들이 특히 상당한 효율성을 지닐 때 할리우드에서 체계적으로 다시 사용되고 있다는 것은 놀라운 일이 아니다. 플래시백의 효율성은 주로 연대 도치가 야기하는 모든 극적인 효과들을 얻을 수 있게 해주기 때문이다. 따라서 스토리에 '주관적인' 관점을 제시한다거나 (우리가 한참 뒤에야 보게 될 몇몇 '심리분석적인' 플래시백들을 제외하고는) 어느 개인의 정신을 깊이 이해하는 것과는 그다지 관련이 없다. 화자 자체는 빠르게 잊혀지기 때문이다. 그리고 화자가 묘사된 사건들을 모두 알고 있을 수는 없다. 하물며 그런 사건들을 모두 목격했을 수도 없다. 그리고 현재로 되돌아올 때까지 우리가 화자의 기억 '속'에 있다고 상기시켜주는 것은 대체로 아무것도 없다. 그렇기 때문에 플래시백은 우리가 사전에 결과를 알고 있더라도 줄거리의 효율성에 그리 영향을 끼치지 않을 수 있다.

생략에 대해 이미 살펴보았듯이, 플래시백에는 지극히 실용적인 기능이 있다. 플래시백은 대개 설명적인 기능을 하고 있다. 즉 과거로의 짧은 회귀는 관객으로 하여금 등장인물을 파악하고 그의 반응들을 이해할 수 있게 도와 준다. 그리고 스토리와 관련해서는 플래시백은 액자의 기능을 한다. 이때 플래시백은 관객을 사건의 중심으로 빠뜨리는 대신 이야기 속으로 자연스럽게 빠져들게 하고, 그 다음에는 대사가 진행되도록 함으로써 더 침묵할 수 있도록 하기 위해서만 높아지는 '화자의 음성'으로 관객을 현혹할 책임이 있는 설명 장치이다.

이런 실용적인 플래시백들은 실제로 사용되는 것보다도 가끔은 더 자주 사용되고 있다고 믿을 정도로 아주 친숙한 서술 도구에 속한다. 사실, 보드웰에 의하면, 1917-1960년 시기의 문체(écriture) 개론서들은 '극적인 진전을 늦출' 수 있는 기법을 만류하고 있고, 따라서 고전 영화들에서의 플래시백 사용은 통계적으로 충분히 세한되고 있다. 그러나 플래시백이 할리우드 스타일의 주조를 이루었던 것처럼 보인다면, 이는 수사를 아주 복합적이고 기교를 부려 사용하는 데서 생겨난 것이다. 예를 들어 존 브람의 영화《로켓》은 플래시백 안에 또 다른 플래시백이 끼워 넣어져 있는 것으로 유명했다.

2. 플래시백의 가치

진실 보증

플래시백은 주로 1940년대와 1950년대에 영화를 누렸다. 이런 현상은 보드웰이 이 시기에 '심리적인 인과 관계를 이해하는 방식에 어떤 변화'와 '대중화된 프로이트의 심리학에 대해 커져 가는 관심'을 제공하면서 설명한 것이다. 왜냐하면 플래시백은 영화가 등장인물들의 정신적인 구조를 표현할 수 있다고 생각하는 방식과 관객에게 결과적으로 나타나는 심리적인 효과에 밀접한 관련이 있기 때문이다. "플래시백은 늘 틀림없는 진실이라는 가치를 부여받고 있다"라고 마르크 베르네는 쓰고 있다. 이런 사실은 특히 심리 분석에 대한 영화 속에서 느낄 수 있다. 심리 분석에 관한 영화에서 플래시백은 진실을 나타내고 있다. 플래시백이 어떤 증거나 단순한 추억과 관련되어 있다면, 플래시백으로 진행되는 부분은 '현재'로 진행되고 있는 부분보다 "'더 진실한 부분인 것'처럼, 이야기상 더 필수적인 부분인 것처럼 제시되고 있다."[2] '심리 분석' 영화로 유명한 몇몇 예들이 있다. 그런 영화들 속에서 플래시백은 의식적으로 감춘 추억들의 갑작스런 재출현을 표현하고 있다.

특히 히치콕의 두 영화, 《망각의 여로》와 《마니》, 그리고 맨케비츠의 《지난 여름 갑자기》가 그런 경우이다. 이런 유형의 플래시백은 또한 《멋진 교수》에 나오는 패러디한 캐리커처에 적합하며, 그 영화에서 줄리어스 켈프(J. 루이스)는 자신의 변신을 깨닫는 데 도움을 주는 어린 시절의 추억들을 회상하고 있다.

---

[2] 〈플래시백〉, 《영화 읽기》, p.98.

그러나 플래시백의 '진실의 가치'는 조절되어야 한다. 바누아(1989, p.157)가 지적하고 있듯이, 진실의 가치는 '음성이 있는' 플래시백 안에서만 효력이 있다. 단 하나의 사건에 서로 다른 해석들을 주려고 여러 가지 기억들이 사용될 때, 예를 들어 《걸스》에서 발생된 경우처럼, 이야기의 상반되는 측면은 이런 진실의 가치를 변질시키고 있다.

마지막으로, 여전히 히치콕의 작품에는 **착각을 일으키는 플래시백**의 유명한 실례가 있다. 《무대공포증》의 초반부에, 조나단(R. 토드)은 이브(J. 와이만)에게 샬럿(M. 디트리히)이 자신의 남편을 죽였고, 자기에게 피로 얼룩진 원피스를 벗을 수 있게 도와달라고 요구했던 방법을 플래시백을 이용해 이야기하고 있다. 그 이야기가 지어낸 것임을 파악하기 위해서는 영화가 끝나기를 기다려야만 한다. 프랑수아 트뤼포와의 대화 속에서, 히치콕은 확신하지는 않지만 비평가들이 자신을 비난했던 기법인 플래시백을 '사실과 어긋나게' 만들었던 것에 대해 유감스러워했다. 관객은 본능적으로 플래시백을 의심하지 않기 때문에, 또한 이런 구체적인 상황에서는 "등장인물의 거짓말과 영화의 거짓말 사이에서 쇼트 사고(court-circuit)가 발생하기 때문이다… 등장인물은, 영화가 진행되는 그 순간에는 진실인 것처럼 표현되었던 플래시백을 통해서가 아니라 자신의 대사를 통해서 거짓말을 하고 있다. 때늦은 폭로로 인해 우리는 마지막에 영화 전체를 다시 생각하게 된다."[3]

---

3) 폴 버스트래텐, 〈영화는 나를 속였다〉, 《현기증》 n° 6-7, 1991, p.67.

코미디 영화: 왜곡된 수사

 히치콕의 기술 방법이 진짜 사기처럼 느껴진다 하더라도 부조리하다거나 착각을 일으킨다거나, 또는 패러디한 것이라고 솔직히 드러내는 플래시백 안에서는 전혀 그렇지 않다. 사실 똑같은 할리우드 자료집 안에서 심각성과 희화성, 경직성과 자유분방한 사람을 찾을 수 있다는 것은 놀라운 일이다. 따라서 거짓말을 하는 화자의 음성이 영상과는 맞지 않는 과거의 행적을 진술하고 있는 스토리들의 실례가 코미디 영화에는 많이 있다. 아주 좋은 예 하나가 《사랑은 비를 타고》의 초반에 나타나 있는데, 여기서 돈 록우드(G. 켈리)가 어느 화려한 대모에게 자신의 경력을 과장해서 이야기하고 있다.

 《사느냐 죽느냐》의 도입 부분에 루비치가 만든 플래시백의 사용은 분명 대단히 미묘하다. 히틀러는 당시 유럽이 평화로운데도 불구하고 무슨 이유에서 1939년에 바르샤바 푸줏간 앞에 있는가? 우리는 몇 분 전에 폴란드 배우들이 반나치 연극을 공연했던 연극으로 다시 돌아간다. 문제의 배우 브론스키는 자신이 히틀러와 닮았음을 입증하기 위해 거리로 나왔다. 그 기법은 여기서 여러 단계로 조롱을 받았다. 과거로의 회귀가 지나치게 가까운 최근이기 때문이며, 과거로의 회귀가 별로 중요하지 않은 등장인물을 조명하기 때문이다. '시사' 평론 담당자의 화면 밖 목소리가 높은 톤으로 모든 효과를 강조하고 있기 때문이다. 그리고 마지막으로 모든 극적인 상승은 '현재'로 되돌아올 때, 브론스키가 자신의 세계를 성공적으로 속이지 못했다고 밝혀질 때 완전히 소멸되기 때문이다.

오늘날, 할리우드 황금기 시대에 흔히 희화적인 회상과 관련되어 있는 영화들에서는, 아이러니가 극단적인 플래시백을 이용하는 것은 드문 일이 아니다. 플래시백이 웃음거리에 불과하거나, 아니면 끔찍한 방법으로 주요 행위를 방해하고 있기 때문이다. 예를 들어 코엔 형제의 《허드서커 대리인》에서는, 허공에 매달린 폴 뉴먼의 바지 솔기(히치콕의 《파괴공작원》의 어느 숨가쁜 시퀀스의 재녹음)가 그의 의상실 작업장에서 플래시백들을 만들어 내고 있다.

플래시백이 전통적인 모델들에 비해 아이러니컬한 거리를 취할 수 있도록 영화가 코미디일 필요는 없다. 상당히 극적인 효과를 거두고 있는 《선셋 대로》는 영화 초반부에 풀장에서 죽은 채 둥둥 떠다니는 조 길리스(W. 홀든)가 말하는 긴 플래시백 하나로 이루어져 있다. 그 시나리오 첫번째 해석인 영안실의 '시체들 사이에서의 격론'은 여전히 매우 희화적이었다. 그곳에서 조는 자신이 어떻게 그곳에 오게 됐는지를 '동료들'에게 말해 줄 생각을 한다. 피에르 젠(1991)은 그 장면이 관객들을 배꼽잡고 웃도록 만들었기 때문에 **깜짝 시사회**(sneak preview)[4] 가 있

---

4) 영화관에서 개봉되기 전에 보여 주는 깜짝 설명회는 관객의 반응을 살펴보기 위해서이다. **깜짝 시사회**에서 푸대접을 받은 후에는 드물지 않게 영화가 변화되었다.(《사랑은 비를 타고》 참조)

은 뒤에 잘렸다고 보고하고 있다.

플래시백과 필름 누아르

와일더조차도 몇 년 전에는 가장 어둡고 극적인 측면에서 플래시백을 사용할 능력이 있었다. 《이중 배상》에서는 월터 네프(F. 맥머리)가 자신을 사기꾼과 살인자로 만들었던 사건들을 구술 축음기에 대고 고백하고 있다. 네프의 이야기로 제공되는 서술의 틀이 여기서 완전히 명백해 보이지는 않는다. 사실 네프는 부상을 입은 상태이고, 말을 하면서도 피를 흘리고 있다. 그리고 이야기중에 현재로의 복귀가 빈번하게 일어나고 있다. 게다가 고백을 들어 준 사람(에드워드 G. 로빈슨)이 네프의 말을 직접 들으면서 오래 전부터 그 방에 있었다는 게 나중에 가서 확인된다. 《이중 배상》이 지극히 원형적인 필름 누아르라면, 이 영화는 와일더와 레이먼드 챈들러의 플래시백으로 이뤄진 시나리오가 강조하는 **비극적인 숙명**(fatalité tragique)의 분위기에 상당 부분 영향을 받고 있다. 등장인물들의 나아갈 길을 파멸 쪽으로, 즉 스토리의 유일한 극적 모토인 파멸 쪽으로 그리는 것과 관련이 있기 때문이다.

또한 필름 누아르가 플래시백이란 수단을 동원할 수 있다는 것에는 놀라워할 필요가 없다. 한편으론 문학적인 수사로 파악된 플래시백과 화자의 음성이 언제나 특출했던 소설 각색들을 상당 부분 구성하고 있는 장르와 관련이 있다. 다른 한편으론, 필름 누아르는 보통 멜로드라마와 합류하며, 과거가 있는 이야기는 멜로드라마가 좋아하는 수사이다(《밀드레드 피어스》). 마지막으로, 필름 누아르는 서스펜스의 기제보다는 진상에 대한 정확하고 엄밀한 설명의 필요성에 근거를 두고 있다. 이런 사실은 《살인》에서 다큐멘터리 음색으로까지 진행될 수 있다. 《살인》에서는 잇달아 계속되는 플래시백들이 주요 행위와 섞이는 순간까지 주인공들 각각의 하루를 재검토하고 있다.

그러나 플래시백은 대부분 1930년대 · 1940년대의 자유분방한 코미디와 뮤지컬 코미디, 순수 행위 영화 속에서처럼 히치콕의 위대한 서스펜스 영화들 속에서는 별로 나타나지 않고 있다(이미 특별한 예외들은 고려했다). 다시 말해 '현재를 취하고 있는' 이런 모든 장르들은 그 줄거리가 폭로하는 과거 형식으로 내비쳐지는 것을 잘 받아들이지 못하고 있다. 서부극의 이야기도 같은 이유에서 연대 조작에 별로 적합하지 못하다. 게다가 플래시백의 지나친 과용은 역사적인 과거를 탐색하도록 되어 있는 어떤 장르 전체에서 불필요한 것처럼 보이곤 했다.

서정적인 플래시백

반면, 특히 시제를 나타내는 수사인 플래시백은 허구의 과거를 전개하는 데 사용되고 있다. 플래시백은 어느 긴 시기, 어느 인생 전체에 걸쳐 전개되는 광범위한 시나리오와 관련이 있다. 플래시백은 그때 분명 **서정적인** 기능을 한다. 이런 장르의 가장 멋진 실례에서는, 즉 카프라와 루비치의 작품에서는 플래시백의 구성이 매우 공들여 만들어졌고, 시적이다. 그리고 이야기를 하는 발화 행위나 사람들이 말하는 발화 행위는 결코 신이나 악마가 아니다. 《멋진 인생》에서 신은 후견인 클래런스에게 자신의 피보호자 조지 베일리(J. 스튜어트)의 삶을 이야기해 주고 있다. 신은 그에게 길고 깜짝 놀랄 만한 영상의 정지 속에서 얼굴을 보여 준다. 플래시백은 크리스티앙 메츠가 영화에 제공한 '영화 속의 영화'의 역할을 여기서보다 더 정확하게 하지 못할 것이다.[5] 《천국은 기다려 준다》에서, 헨리 밴 클리브(D. 아메치)가 지옥의 대기실을 표현하기 위해 한번도 상상된 적이 없는 아주 멋진 어느 무대에서 자신의 이야기를 한 것은 다름 아닌 지명되지 않은 상당히 예의바른 루시퍼란 사람에게이다.

3. 《시민 케인》의 서술 혁신

기술 방법의 가장 세련된 변화들은 선험적으로 모두가 비교하고 있는 두 영화 예술인, 즉 오손 웰스와 조셉 L. 맨케비츠의 작품에서 나타나고 있다.

맨케비츠의 작품은 문학적이라고 평판이 나 있으며, 언어 표현과 배우를 근간으로 해서 만들어지고 있다. 그의 작품은 역시 시나리오 작가·대사 작가·제작자·연출가라는 다기능 속에서

---

5) 크리스티앙 메츠, 〈영화 속의 영화(들)〉, 《객관적인 진술 또는 영화의 지역》, Méridiens-Klincksieck, 1991, p.107.

성숙한 기나긴 할리우드 경력의 결실이다. 연극인이면서 라디오 방송인인 웰스는 거의 아무것도 촬영한 게 없는 상태에서 25세에 할리우드로 왔다. 라디오 방송의 성공적인 활약 덕분에 그는 RKO와 이례적인 계약을 체결할 수 있었다. RKO는 웰스가 계획한 것을 모두 통제하도록 해주었다. 그가 2편의 영화를 제작하고, 쓰고, 연출하고, 해석할 수 있기 때문이었다. 한번도 강철같이 힘이 센 손을 가진 대부호를 그려본 적이 없었음을 고려한다면, 비정형적인 스튜디오이고 그러면서 한번도 강력한 이미지를 지닌 적이 없는 스튜디오인 RKO가 상당한 명성을 가져다 줄 수 있을 위험을 감행해 보는 것이 이로웠음은 주목해야 한다. 웰스는 제일 먼저 조셉 콘래드의 〈어둠의 한가운데〉의 각색을 제안했다. 그러나 RKO에서의 그의 첫번째 영화는, 오늘날 그리피스 이래 영화 언어의 가장 중요한 혁신을 일으킨 작품으로 인정받고 있는 《시민 케인》이었다.

이 두 감독에게는 두 가지 공통점이 있다. 하나는 우리의 논의 주제와는 별상관이 없는 것으로서, 《시민 케인》의 각본이 조셉의 형인 허먼 맨케비츠에 의해 씌어졌다는 점이다. 다른 하나는 플래시백을 문체의 기법(procédé d'écriture)으로서 뿐만이 아니라, 영화의 내적 구성과 상당 부분의 연출을 결정하는 수사로서 사용하고 있다는 점이다.

《시민 케인》은 갖은 방법으로 플래시백을 거절하고 있다. 무엇보다도 영화 초반에는 공식적이고 매우 부분적인 전기 문체로 케인의 삶을 검토해 보는 시사 다큐멘터리 형식으로 진행되고 있다. 이런 형식하에서는 플래시백이 별로 신뢰할 만한 것으로 보여지지 않는다. 그 다음에는, 케인의 마지막 단어, 즉 수수께 끼 같은 '로즈버드(Rosebud)'의 의미를 알아내기 위해 신문기자가 체계적인 조사를 하면서 만난 인물들이 플래시백 형식으로 해준 이야기들이 나오는데, 이는 매우 다르다. 여러 플래시백들은 케인의 비밀을 간파해 낼 수는 없지만, 그래도 케인의 진실한 이야기에 접근할 수 있게 해주는 현명한 프리즘을 만들어 주고 있다. 고드롤트와 호스트(1990, p.109)는 각각의 플래시백이 '먼저 일어나는 플래시백의 중요 현안에 의존'하고 있으므로, 이야기들이 재개되고 완성되어 가는 방법을 분석하고 있다.

이런 구성이 나중에 경이적인 현대성에서 나오는 것처럼 보일지라도, 연대순은 지나치게 뒤죽박죽 섞이지는 않는다. 플래시백의 기술은 《시민 케인》에서 관객을 혼란스럽게 만들어 버리는 역할을 하지 않는다. 그러나 할리우드 시나리오의 규준을 다시 문제삼고 있으므로, 어떻게 보면 저절로 구축된 이야기를 보여 주는 기능을 하고 있다. 장 루아는 다음과 같이 기술하고 있다.

> 설명을 지나치게 뒤죽박죽으로 하는 것은 문제가 아니다. 이는 더욱이 매순간 보일 수밖에 없는 실마리를 대신해서만 이루어질 수 있을 것 같다. 그럼에도 불구하고 영화는, 처음으로 선명하게…… 그곳에서 선형성(linéarité)과 선형성의 기초가 되는 것, 주인공의 사고와 행위를 유일하게 책임지는 서술자의, 눈에 띄거나 그렇지 않을 수도 있는 서술자의 존재의 기초가 되는 것을 대담

하게 허물고 있다.(루아, 《시민 케인》, 나탕, coll. Synopsis, 1989)

그러나 플래시백의 이런 특수한 용법은 소위 웰스식의 문체 원리보다는 《시민 케인》의 특수한 구조와 관련이 더 많은 듯하다. 《오셀로》와 《아카딘 씨》의 과거로의 회귀는 서술 틀로서의 플래시백의 관습에 상당히 부합하고 있다.

그러나 ('현재'에 정착하고 있지 않다는 의미에서) 실제로 플래시백이 없는 웰스의 영화에서조차도, 자주 내레이션을 삽입하는 화자의 목소리——특히 웰스의 목소리가 《위대한 앰버슨 가》와 《상하이에서 온 여인》에서처럼 매우 문학적인 음색을 띨 때——는 과거를 향한 시선이라는 느낌을 준다.

4. 맨케비츠와 과거 탐색

맨케비츠의 작품 속에서 플래시백은 거의 어떤 철학 표현에 가깝다. 과거를 조사하는 필요성에 대해 의문을 제기하는 미첼 시먼트에게 이 영화인은 다음과 같은 대답을 하고 있다.

이는 내 마음속에 깊이 자리하고 있는 그 무언가와 관련이 있다. 이 점에 대해서 나의 감정과 사고를 진정으로 밝힐 수 있는 시간이 내 인생에 충분하게 남아 있지 않지만, 그러나 나는 우리가 현재 안에서만 살고 있다고는 생각지 않는다. 우리는 과거와 미래를 동시에 의식하고 있다. 다르게 말하자면, 시간은 내가 가장 많이 신뢰하는 것이고, 그로 인해 나는 존재를 확신하고 있다.(시먼트, 1987, p.211)

맨케비츠 자신이 제시하는 설명에 그 교양인이, 할리우드 영화 산업을 흔히 천한 것으로 간주하는 그 지식인이, 관객에게 융통성과 통찰력 그리고 폭넓은 이해력을 요구하고 있는 복합적인 시나리오 구성에 매료되었다는 사실을 덧붙여야 한다. 이런 점에 있어서 그는 루비치의 훌륭한 제자이며, 플래시백은 스승의 생략이 무엇인지를 실행하고 있다.

현재에서 과거로의 느낄 수 없을 정도로 부드러운 이행

《이방인의 집》에서는, 현재에서 과거로의 이행이 매우 자연스럽게 이루어지고 있다. 거실에서는 축음기에서 오페라의 아리아가 흘러나오고 있고, 막스 모네티(R. 콘트)는 돌아가신 아버지 초상화 밑에 앉아 생각에 잠겨 있다. 카메라는 계단을 올라가 가벼운 오버랩이 일어나는 창문 앞에서 멈춘다. 카메라는 명랑하고 행실이 좋은 모네티 신부(에드워드 G. 로빈슨)가 똑같은 오페라 아리아를 목이 터져라 부르고 있는 욕실 쪽으로 비스듬히 돌아갈 때 카메라가 계속해서 움직이고 있다는 착각을 만들어 주고 있다.

병행 플래시백

《세 아내에게 보내는 편지》는 바로 병행해서 보여 주는 세 개의 플래시백으로 이루어진 구성과, 눈에 보이지 않는 등장인물로 유명하다.[6] 지방의 소도시에서, 젊은 3명의 여인이 한나절을 위해 한 무리의 아이들을 데리고 배를 탄다. 출발하는 순간에, 그녀들은 애디 로스에 관한 한 통의 편지를 받고, 그 단체에서 가장 존경받는 여인인 애디 로스가 그녀들 남편 중의 한 사람과 함께 떠났음을 알게 된다. 애디 로스는 영화가 진행되는 동안 내내 화면에 나타나지 않는 인물로서, 몸체는 없이 '화자의 음성'으로만 있게 된다.

미셸 시옹(1982, p.52)이 적고 있듯이, '화면 밖의' 목소리가 일반적으로 고전 영화 속에서는 대개 남성들이었으므로 그만큼 목소리는 더욱 눈에 띈다. 여기서처럼, 또는 《*The Secret Beyond the Door*》(F. 랑)에서나 《레베카》(A. 히치콕)의 초반부에서처럼, 여성의 화면 밖의 목소리는 어떤 특성을, 주제에 맞는 어떤 기묘한 특성을 영화에 부여해 주고 있다.

병행 플래시백(flash-backs parallèles)에 대해 말하자면, 그 세

---

6) 《세 아내에게 보내는 편지》에 대해서는 마르크 베르네를 참조.(1989, p.113)

여인이 진실을 알려면 하루 일과가 끝나기를 기다릴 수밖에 없다는 사실이 서술적으로 확인되었으므로, 병행 플래시백들은 우리들에게 미국 지방 생활에 대한 멋진 장면을 꾸미고 있는 세 여인들의 커플 생활을 깊이 이해시켜 줄 수 있다.

관점의 상대성

《이브의 모든 것》과 《맨발의 백작 부인》의 플래시백들은 《시민 케인》에 나오는 웰스의 '퍼즐'과 무관하지 않다. 거기서는 또한 신비스런 인물들――영광의 절정에 있는 여배우 이브 해링턴이라는 인물, 일시적으로 인기 있다 사라져 버린 스타 마리아 바개스라는 인물――을 조금씩 서서히 알아가는 것이 중요하다. 유일한 차이는 이브 해링턴(A. 백스터)이 플래시백이 있은 뒤로는 현존하는 모습대로, 즉 음모가이고 거짓말쟁이로 분명하게 드러난다는 점이다. 반면 마리아 바개스(A. 가드너)가 지니고 있는 독특한 분위기는 그 이상을 지니게 된다. 그러나 플래시백들은 많은 매력을 갖추고 있는 그 두 영화에서 서로 연관되고 있었다. 여러 '화자의 음성'들은, 때로는 관객의 주의를 속일 정도로 단절되지 않고 거의 연결되었다. 각각의 화자가 자신이 수취인이었던 사건들을 항상 이야기하지는 않기 때문이다. 즉 생략과 마찬가지로 플래시백은 진실임직한 것이어야 한다는 요구 때문에 술래잡기를 하는 유희적인 수사이다. 더욱이 《맨발의 백작 부인》에서는 기술 방법이 매우 이례적으로 격자 구조형을 띠고 있다. 마리아와 백작의 만남은 (주요 플래시백에 삽입되어 있는) 부수적인 플래시백 형식으로 이야기되고 있을 뿐 아니라, 서로 다른 두 가지 관점으로, 즉 집사 오스카 멀둔의 관점과 백작의 관점으로 촬영되어 있다. 그래도 주관적인 카메라의 도움은 없음을 주지해야 한다. 촬영 각도가 거실에서 이야기하고 있는 서술자의 입장에 따라 변화하고 있지만, 그러나 여러 사건을 전달하는 것은 이야기를 하는 사람들의 시선이 아니라 언제나 영화인의 시선이기 때문이다. 바누아(1989, p.155)가 주목하고 있듯이, 이 시퀀스들은 특히 '관점의 상대성, 연출 자체, 지각되는 것(현실)의 근본적인 무력감, 이야기된 것(스크립트)의 기교'를 강조하고 있다.

뼈저린 추억의 재발

《지난 여름 갑자기》는 '심리 분석적인' 유형의 플래시백을 사용하고 있다. 의사(M. 클리프트)가 조성한 최면 상태에서, 엘리자베스 테일러가 연기한 인물은 자신에게 깊은 충격을 주었던 악몽 같은 장면을 다시 본다. 플래시백들은 아주 인상적이다. 일부러 과다 노출되고, 일시적으로 이성을 잃게 하는 백색광으로 촬영되었기 때문이다. 그리고 여성 서술자의 급한 음성이 발작적으로 일어나는 딸꾹질을 하며 자신의 이야기를 내뱉는 듯하기 때문이다. 마지막으로, 플래시백이 이야기를 하는 인물의 무의식 세계에 직접적인 접근 통로라는 착각을 퍼뜨리며, 테일러의 얼굴이 편안하게 해주는 기억을 환기하는 동안 스크린상에 겹쳐지기 때문이다.

현 미국 영화에서는 바로 이런 플래시백처럼 솔직하고 시대에 뒤떨어진 기술 방법들을 찾아볼 수 없을 것 같다. 하지만 플래시백은 사라지지 않았다. 현대 문체의 대가들은 플래시백을 수수께끼 형식으로 즐겨 다루며, 기억의 복합적인 구조에 좀더 가깝게 합치하고 있다고 주장하는 어수선한 또는 왜곡된 이미지들로 플래시백을 즐겨 표현하고 있다. 《퍼펙트 월드》《칼리토》《카지노》와 같은 최근 작품들 속에서, 일부러 어둡게 한 플래시백의 구도를 파악하려면 때로는 영화의 전체 길이가 필요하다. 유럽의 영향인가? 아마도 그럴 것이다. 1950년대부터 유럽에서 일어났던 현대 영화의 혁신은 가장 견고하게 뿌리내리고 있던 할리우드 모델의 근간을 뒤흔들어 놓음으로써 미국에까지 전파되었다. 그런 현상은 최근 30년 동안에 분명해졌고, 확대되었다. 그리고 플래시백의 변모는 무시할 수 없는 하나의 징후이다. 그렇다고 해도, 모든 연구와 모든 문체론적 세련됨의 이면에는, 플래시백이 할리우드에서 서술성이 지니는 일종의 기본적인 표준 원리임에는 변함이 없다. 즉 미국 영화는 결정적으로 스토리를 이야기하는 걸 포기했을 때에만 플래시백을 포기할 것이다.

7

각색: 텍스트의 지배

"베스트셀러를 각색해서 만든 영화의 필름을 먹고 있는 두 마리 염소 이야기를 여러분은 분명 알고 있지요. 한 마리 염소가 다른 염소에게 이렇게 말합니다. '난 책이 더 좋아.'"

히치콕이 상기해 준 이런 농담(트뤼포, 1985, p.104)은 할리우드에서의 문학 작품 각색의 지위를 상당히 정확하게 표현하고 있다. 다시 말해 실천이 미국 영화를 위해 절대적으로 **생명력을 공급하는 영양의 원천**이라는 사실에도 불구하고(또는 사실이기 때문에?), 때로는 가장 파렴치하게 사람들이 계속해서 조롱한 것이 바로 실천이다.

1. 할리우드 영화의 이중 출처

이 경우 벗어 버려야 하는 것은 소위 할리우드의 '문맹'과 관련되어 있는 편견이다. 확실히 스튜디오를 만들었던 사람들은 지식인들이 아니다. 스튜디오 창설자들은 대부분 유럽에서 모피상이거나 골동품상 또는 제조상들이었고, 그들은 아주 뛰어난 창작력이 있는 예술적인 변화를 별로 염려하지 않으면서, 가장 상업적인 일면으로 **니클로디언**을 활용해 영화에 접근하였다. 이는 더욱이 폭넓은 통속적인 대중을 집결시킨다는 필연성에 할리우드 복합영화관의 전체적이고 지속적인 부재를 설명하고 있으며, 할리우드 영화는 대중을 즐겁게 해주는 것을 제일의 과제로 삼고 있다. 프랑스에서는, 고귀한 표현 방식으로 이해되고 있는 문학과 연극의 지배하에 일찍이 놓여졌던 영화가 아직도 독립을 마무리짓지 못했다.

또 다른 측면에서 볼 때, 이러한 상업적인 정착은 언제나 정신과 문화, 지적이고 예술적인 열망——까지도——의 대변자가 되어 이런 지배적인 경향에 맞서 싸우는 사람들이 할리우드에도 있었음을 망각시켜서는 안 된다. 더군다나 그들이 다른 사람들처럼 다른 이들과 **함께** 가장 폭넓은 대중에게 줄 작품을 검토하게 되었다면 더욱더 그러하다.

이런 이중 요소는 여러 경우에 나타나고 있다. 그리피스는 문학적인 영감을 받은 주제들을 열거했던 반면, 토머스 인스는 책을 한 권도 읽은 적이 없었다고 자부했다. 하지만 초반의 미국 영화는 많은 작품이 문학에서 나왔다. 인스의 서부극에서는 프랭크 보재지라는 배우가 연기했는데, 그 또한 연출을 하게 되었다. 보재지가 글을 읽을 줄도 모른다는 풍문이 돌았다. 이런 사실은 그가 특히 다작(多作) 속에서, '할리우드 지식인'인 J. 맨케비츠(스튜디오의 책임자들의 어리석음을 비난할 정도로 상당히 어려운 표현을 가지고 있지 않았다)가 만들고 피츠제럴드가 공동으로 쓴 《세 친구》를 연출하는 데 방해가 되지 않았다. 또한 일찍이 독일에서 배우였던 루비치의 성공 작품들은, 동부 해안의 드라마 작가이며 대학에서 교육을 받았고 고백하기 영화를 조금은 경멸했던 샘슨 라파엘슨과의 문학적 '결합'에 의한 것이었다. 마지막으로, 그는 할리우드에 머물며 영화의 도시에 문화적인 생활이 완전히 부재한 것에 통탄했을 유럽 영화인이 아니다. 이들은 '예술도 사상도 건드리지 않는 군 주둔 도시들과 대화를 하는 이 군 주둔 도시'[1]를 수백 번은 방문했고, 영화에 자신들의 존재와 재능을 보증해 주었다.

이 글을 자세히 보면, 우리가 알고 있는 사랑하는 할리우드 시네마는 모방할 수 없는 성질을 이런 이중 출처에서, 사업가와 문화인 간의, 즉 영상을 파는 상인과 상상계를 그리는 예술가들간의 공존, 때로는 평화롭고 때로는 격정적인 공존에서 나오는 것 같다. 할리우드의 위대한 건축가들의 장점은 흔히 혼자서 그리고 조화롭게 이런 두 성향의 완벽한 합을 실행할 줄 알았다는 데 있다.

이런 사고를 펼치려면 책 한 권은 필요할 것 같다. 그런 책이 씌어지기를 고대하면서, 우리는 문학 작품에 맞서는 할리우드의 태도에서, 문학적인 것과 상업적인 것이 항상 유지하고 있는

---

[1] 《*Le Livre de Losey*》에서 M. 시먼트가 인용한 조셉 로지의 말이다. Stock-Cinéma, p.92.

매우 복합적이고 모호한 관계들을 충분히 시사해 주는 실례를 하나 찾을 수 있을 것이다.

2. 문체의 강박 관념

불확실한 무리

실제로, 문맹자인 할리우드는 **문체의 강박 관념**에 늘 사로잡혀 있다. 이런 강박 관념에서 가장 신경증적이고 가시적인 측면은 시나리오와 관련이 있다. 우리는 영화인들보다는 오히려 제작자들이 어떤 면에서 '탄탄한 스토리'가 지니는 궁극적인 위력을 신뢰했었는지 알고 있다. 그 탄탄한 스토리의 제단에서, 스튜디오들에서 진짜 확실한 무리를 이루고 있었던 많은 시나리오 작가들이 희생되었다. 종이 위에다 영화를 거의 모두 기입해 두었던 시나리오보다 더 제작자를 안심시켜 주는 것은 아무 것도 없으며, 스튜디오들이 싫증이 날 때까지 스크립트를 다듬고 또 다듬게 했었던 것도 바로 이상적인 시나리오를 얻으려는 강렬한 바람에서였다. 그런 연유로 여러 시나리오 작가들이 똑같은 주제를 동시에 또는 연이어서 다루었다——관계자들도 모르게——는 것은 드문 일이 아니었다. 이는 영화 첫머리 자막에 나오는 시나리오 작가 또는 시나리오 작가들이 항상 그 작업의 모든 책임을 지지는 않았다는 것을 의미한다. 그리고 영화 작가 조합(Screenwriters Guild)은 제대로 계층을 이룬 문체 기법

(procédé d'écriture)에서 제외된 시나리오 작가들의 요구에 부응하기 위해 '작품의 저자로서의 자격 확인' 이상의 것을 해결해야 했음을 의미한다.

할리우드의 용법에 대해 제시한 또 다른 증거들 중에서, 피츠제럴드의 미완성 소설 《최후의 대군(大君)》은 제작자에 비해 시나리오 작가들이 처한 의존 관계(경우에 따라서는, 소설 속에서, 어빙 탈버그의 클론(clone))를 보여 주고 있다. 실제로 시나리오 작가는 할리우드 시스템의 주요 부문 가운데 하나에 불과하며, 이는 시나리오 작가가 홀대받는 걸 막아 주지는 못한다. 우리는 영화 속에서 시나리오 작가가 그들의 직업 때문에 상당히 골탕먹는 것을 보고 있다. 윌리엄 홀든이 《선셋 대로》와 《미친 파리》(뒤비비에의 영화를 리메이크한 것)에서 그런 인물을 맡아 두 번이나 연기했다.

텍스트 사냥

'좋은 스토리'에 대한 지칠 줄 모르는 탐색은, 대중 잡지의 소설에서부터 성공을 거둔 연극과 베스트셀러를 거쳐 세계 문학의 위대한 고전 작품들에까지 각색이 가능한 모든 텍스트를 냉정하게 찾아내는 활동으로, 시나리오 이전 단계에서부터 시작되었다. 그리고 스튜디오들의 '문예' 부서들의 과잉 활동과 각색 저작권의 열정적인 구매는 장편 영화의 시작부터 나타나는 작품의 의도를 단지 공식화시켜 주었을 뿐이다. 예를 들어 그리피스는 성경(《베툴리아의 유딧》《편협》)과 디킨스를 생각했지만, 그러나 토머스 딕슨의 보잘것없는 소설《동향인》을《국가의 탄생》의 근간으로 사용하였다. 이는 오늘날까지 연장될 수밖에 없던 어떤 과정의 시작에 불과했다. 즉 미국 영화는 책을 잘게 부수는 거대한 분쇄기인 것이다.

천국으로 추방된 자들

그리고 작가들을 부수는 기계라고 덧붙이려 했을 것 같았다. 왜냐하면 출처를 찾아다니길 좋아하는 할리우드가, 하나의 톱니바퀴가 된다는 것이 상당히 힘들었던 작가들을 하나의 기계로 통합하기 위해, 동부 문학계가 날카롭게 평가했던 모든 작품들을 자신의 품으로 받아들였기 때문이다. 다시 말해 스튜디오의 시스템은 천재의 정신 상태와 영감 폭발을 있는 그대로 받아들이지 않았다. 모든 일이 항상《바톤 핑크》의 영웅에게서처럼 똑같이 비극적으로 일어나지는 않는다. 이 영화에서 조엘과 에단 코엔은 할리우드에 유배된 뉴요커 작가의 신화를 자기들 방식대로 재해석하고 있다. 그럼에도 불구하고, 자신과 문학 또는 자신과 연극을 결부시켜 줄 수 있는 것과 비교해 막대한 금액의 유혹을 받았던 작가는 순종할 수밖에 없고, 요구하는 대로 정해진 시간에 글을 쓸 수밖에 없다.

피츠제럴드 · 포크너 · 더스 패서스 · 챈들러 · 웨스트 · 헉슬리 · 도로시 파커 · 제임스 케인 · 팬트 · 사로얀 · 버코스키 그리고 다른 작가들도 더 참가했다. 이들 재능으로 만들어진 적은 사례에 대해 많은 사람들이 불평을 했다. 왜냐하면 대화의 생동감이나 기술 부족으로 문제가 있을 수 있었던 이들의 시나리오들이 노련한 전문가들에 의해 재검토되고 수정된 경우가 드물지 않게 있었기 때문이다. 할리우드는 그런 식으로 글을 쓰는 작가(écrivain)의 새로운 입지를 만들어 냈다. 즉 작가는 월급을 받고, 책을 발간하지 않으며, '소극적으로' 개작하기도 하고, 때로는 익명으로 쓰기도 했다. 이는 어느 한 나라의 현상에 불과할 수도 있었다. 그 나라에서는 **작가**(writer)란 단어가 우리가 이해하고 있는 조금은 과장된 의미로의 **작가**(écrivain)보다는 문체(écriture) 전문가를 더 많이 의미하고 있다.

할리우드의 추잡스러움과 어리석음에 대해 '천국으로 추방된 자들'[2]이 유포시켰던 모든 독설들은, 그러나 너새니얼 웨스트의 인정해 달라는 외침, 즉 "영화에 대해 신께 감사하라(Thank God for the movies)!"를 망각시키지 않고 있다. 필리프 가르니에가 《벙커 힐의 꿈》의 후기에서 존 팬트에 대해 이를 지적하고 있는 것처럼.

그들이 스튜디오가 제공하는 굉장한 보수 때문에 시도하지 않았더라도 걸작품을 많이 만들었을 것이라고 말해 주는 것은 아무것도 없다. ……할리우드는 이들이 계속해서 잔인하게 배수진을 치지 못하게 방해했다——그리고 또 어쩌면 더 자비롭게 그

---

2) 《할리우드 1927-1941》에 있는 미첼 시먼트의 훌륭한 기사 〈천국으로 유배된 작가들〉을 비교.

들이 뉴욕에 있는 살롱의 폐물들과 알공킨족의 또 다른 태피스트리들이 되지 않도록 막았다.

3. 할리우드 영화의 문학적인 요소

획일화의 강력한 요인인 각색

문학 작품 각색의 실행이 할리우드 시네마를 기본적으로 이해시켜 준다면, 그것은 할리우드 시네마가 흥행하고 있는 출처와 단절하는 순간부터 스토리를 떠올리면서, 시나리오 작가와 영화인들의 세대 전체에 기본적인 동질 의식을 심어 주면서, 그 실행이 모든 모험들을 다시 재단하기 때문이다. 즉 흥행을 한 소설 작품이나 위대한 고전 작품과 씨름을 하지 않았던 사람들은 거의 없다. 그들은 항상 생각한 대로는 아니지만, 그래도 소설이나 고전 작품을 각색할 책임이 있었다. 내면적인 작은 영화에도 좋듯이 초대작에도 좋은 각색은, 통속적인 장르라면, **모든 장르**와 관련이 있다. 코미디는 유희극(théâtre de di-vertissement)을 각색하고, 서부극은 발행 부수가 많은 잡지에 나오는 **짤막한 스토리들**(short stories; 단편 소설들)을 각색하며, 필름 누아르는 추리 소설들을 각색한다. 그리고 멜로드라마는 보통 미국 고전들을 화면에 옮겨놓고 있다. 예를 들면 프랭크 노리스의 《맥티그》는 《탐욕》을 위해서, 드라이저의 《미국의 비극》은 스턴버그의 동음이의의 영화를 위해서, 그리고 물론 마거릿 미첼의 《바람과 함께 사라지다》는 셀즈닉의 역사적인 작품을 위해서 각색되었다.

'장르'를 말하는 사람은 스튜디오들의 영화를 말한다. 각색의 실행은 대형 영화사들과 따로 분리해서 생각할 수 없다. 대형 영화사의 구조는 한편으로는 텍스트에 대한 체계적인 연구를 하기에 상당히 체계적이고 강렬한 문체에 적합했고, 다른 한편으로는 유명 소설들의 각색이 자주 재현했던 값비싼 영화를 만들기에 적합했다. 유명 소설의 각색 작품들이 1950년대에 여전히 더 인기 있고 공감되는 장르가 되었을 때, 그 작품들은 스튜디오들에게서 벗어나 있었다. 1950년대의 **도피 제작**(runaway productions)들 또한 '고대' 소설(《쿠오바디스》《벤허》)이나 고전 작품들(《전쟁과 평화》)과 관련되어 있는 각색 작품들이었다. 양서의 도움은 크고 작은 스튜디오들간의 공유 활동 영역을 만들어 주는 계기가 되었다. 이들 스튜디오들의 측면에서 볼 때, (스튜디오들이 제작하고 있는 영화의 평균 예산에 비해) 비용이 많이 드는 문학 작품 각색을 진행한다는 것은 **빅5**와 경쟁하기 위한 하나의 선택 수단이었다. 1920년대말 유니버설이 루이스 마일스톤에게 《서부 전선 이상 없다》의 각색을 의뢰했는데, 그러한 일련의 각색을 시작한 것도 바로 이런 정신 상태에서이다. 끝으로, 위대한 독립 제작사인 셀즈닉과 골드윈은 두 사람 모두 각색을 열렬히 지지하는 사람들로, 마치 스튜디오들처럼 문학을 양성해 내는 곳에서 충분히 필요한 것을 제공받았다.

결국 모든 시대에 걸쳐, 각색은 할리우드에서 획일화의 요인을 의미했다. 각색이 유럽에서 건너온 감독들과 미국 감독들을, 웰스(그는 운좋게 자기 마음에 들었던 소설이나 연극에 대한 권리를 몹시 흥분해서 사들였었다)에게 있는 수정 불가능한 원작들과 포드에게 있는 스토리를 조심스럽게 이야기하는 사람들을, 맨케비츠와 휴스턴의 작품과 히치콕의 작품들을 분리할 수 있었을 것 같은 경계를 약화시키고 있기 때문이다. 그러나 이런 문제에서 특히 획일화되었던——그리고 아직도 획일화되고 있는——것은 분명 **문학**(litterature) **그 자체**이다.

이미 입증된 이야기

사실 각색이 할리우드에서 문학을 존중하는 영화의 수단——가끔 프랑스에 실재하고 있는 것——으로 체험된 적은 한번도 없었다. 무엇보다도 경제적 조처인 각색이라는 수단은 이미 최고의 대중을 획득하고 있다는 장점을 지닌 주제들을 영화 산업에 보급하고 있다. 폭넓은 독자에게서 성공을 거둔 이야기가 조금이라도 영화로 다루기에 적합한 것이라면 그 이야기는 영화 관객들에게도 성공을 거둘 수 있다. 이런 법칙에 의하면, 중요한 문학 작품과 중요하지 않은 문학 작품이란 따로 없다. 단지 각색하기에 좋은 텍스트와 그렇지 않은 텍스트만이 있을 뿐이다. 현대 미국 영화에도 여전히 적용되고는 있지만, 사물의 수준을 측량하는 이런 해석은 스튜디오에서 보수를 받고 있는 작가와 시나리오 작가 그리고 영화인들이 똑같은 계약하에 아주 다양한 문학적 명성을 얻고 있는 텍스트들을 자주 검토했던 시기에는 훨씬 더 인상적이었다.

더욱이 훌륭한 텍스트들이 항상 최상의 영화들을 제시하는 것과는 거리가 멀고, 반대로 보잘것없는 텍스트들이 최상의 영화를 제시하기도 한다. 《데이비드 카퍼필드》나 《보바리 부인》을 성공시킨 쿠커와 미넬리 같은 영화인들은 또한 별로 중요하지 않은 텍스트들로 훌륭한 효과를 만들어 내고 있다(쿠커의 경우에는 《실비아 스칼렛》, 미넬리의 경우에는 《세인트 루이스에서 만나요》). 반면, 《굿바이 미스터 칩스》나 《누구를 위하여 종을 울리나》의 각색은 샘 우드에게 기회를 주지 못했다. 스튜디오들이 많은 감독들을 고용했듯이, 그는 유능하지만 수입이 변변치 못한 감독들 중의 한 사람이었다.

바로 할리우드의 실행이 '작가(écrivain)'와 '저자(auteur)'가 있는 문학적으로 확실한 가치들을 떨어뜨리는 것처럼, 할리우드 실행들은 문화적인 분류를 폐지시키고 있다. 이런 평등화에 대한 매우 흥미로운 결과는 바로 맨케비츠 같은 영화인이 별로 중요하지 않은 텍스트들을 각색해 촬영하면서 '문학적인' 영상을 가질 수 있다는 것이다. 반면 훌륭한 작가들이 검토했었던 영화들——피츠제럴드는 《세 친구》를, 포크너는 혹스의 수많은 영화를, 로렌스 더럴은 《클레오파트라》를 검토했다——은 문학적인 문제의 '방해'를 전혀 받지 않은 진짜 할리우드 작품들이라는 것이다.

충실성의 문제

이런 조건 속에서 문학의 '순수성'이나 진실성에 대한 어떠한 숭배도 할리우드에는 없으리라는 사실은 조금도 놀랍지 않다. 그렇기 때문에 원작품과 그 원작에서 끄집어 낸 영화 사이에는 중간 출처, 흔히 연극이라는 중간 출처가 드물지 않게 생기고 있다. 그 중에서도 《내가 죽인 남자》나 《꿀단지》의 경우가 그러하다. 따라서 각색에 대해 말을 할 때부터 프랑스에서 매우 격렬하게 이루어진 왜곡/충실성의 문제는 제작자들의 관심사에 속하지 않았다.

문학 작품을 영상으로 바꾸는 것은, 객관적이고 절대적인 목적이라기보다는 단순한 핑계에 불과할 수 있다. 초현실주의 예술의 아마추어인 탐미주의자 앨버트 레빈의 관점에서는, 《도리언 그레이의 초상》《벨아미》 및 (S. 몸의 《저주 받은 자》에 의하면) 《달과 6펜스》의 문학적인 기반들이 흑백 영화 속에 삽입되어 있는 컬러의 화려한 그림에 대한 일종의 강박 관념을 입증해 주고 있다. 그가 《벨아미》 속에 당연히 나타날 수밖에 없었던 '생 탕투안의 유혹'을 위해서 (막스 에른스트가 우승한) 화가 콩쿠르조차 기획했었기 때문이다——반면 모파상의 정신에 대한 충실성은 그곳에서 논의 대상이 되는 것 이상이었다.

물론 충실성을 옹호하는 지지자들도 있다. 무엇보다도 먼저 《레베카》에 대해 히치콕에게 편지를 쓴 셀즈닉이, 소설 독자들이 소설이 그렇게 '더럽혀지는' 것을 보았다면 매우 격렬하게 반응했을 것이라는 이유를 내세워 자신의 첫번째 각색 작업을 거절했다.(셀즈닉, p.230) 하지만 거기에는 도덕적인 입장과 저자를 지나치게 존중하는 태도는 관련되어 있지 않다. 이 경우, 셀즈닉은 다프네 뒤 모리에를 상업적인 성공에 맞게 모든 면을 고려해 다루고 있다. 그리고 그는 수만 명의 독자들에게 이미 인정을 받은 이야기를 변형시켜야 할 이유를 알지 못하고 있다. 따라서 히치콕은 제작자의 요구에 순응했지만, 그러나 우리는 그가 다른 작품들 중에서도 그 텍스트를 '더럽히는' 실행을 좋아하지 않는다는 것——그는 여러 번 되풀이해서 트뤼포에게 그 점에 대해 말하고 있다——을, 그리고 바로 그런 이유 때문에 그는《죄와 벌》같은 중요 작품들을 한번도 비난하지 않았다는 것을 알고 있다. 이런 겸손의 도약을 신중하게 해야 할 필요가 있다 하더라도, 우리는 어찌 됐든 그가 '히치콕화하기'에는 다프네 뒤 모리에의 소설이 매우 적합하다고 평가했었음을 확신할 수 있다. 그는 자신이 영감을 얻었던 이야기들 대부분을 '히치콕화하기' 작업에 어쩔 수 없이 따르게 했었다.

수없이 진행중……: 각색과 리메이크

인간의 영혼을 가장 섬세하게 관찰하고 있는 작품들에다가 할리우드 색깔을 억지로 씌우려 했던, 지나치게 과장된 각색 작품들을 비웃을 수 있다. 그러나 거기에는 전체적인 철학 속에서 상당히 많은 역할을 했던 체계의 결함들만이 있을 뿐이다. 왜냐하면 문학에 비해 주문에 의한 존중 부재가, 문학이 특히 풍부하고 다양한 영감을 가져다 주는 방대한 레퍼토리로 간주되는 결과를 초래하기 때문이다. 이런 점에서 각색은 할리우드에서 매우 유행하고 있는 또 다른 기술(technique)과 상당히 비교할 만하며, 그 어느 때보다 오늘날이 더욱 그러하다. **리메이크**가 있기 때문이다. 리메이크라는 미국 표현이 이미 만들어진 영화의 새 버전을 가리킨다 하더라도 그건 결코 우연이 아니다. 그 사용이 여기저기에 잘 알려져 있더라도, 미국 영화 속에서 거의 제도화되어 있기 때문이다.

모든 스튜디오들은 이미 영화화된 시나리오들을 정기적으로 다시 손질하고 있다. 필름 누아르나 모험 영화 같은 몇몇 장르들이 특히 그렇게 하기에 적합하다. 에드윈 포터의 무성 영화 첫 버전에서 1979년의 R. 콰인의 무성 영화 첫 버전까지, 《젠다 성의 포로》는 영화를 다시 손질한 좋은 본보기이다. 영화인들은 보통 자신들만의 영화 작품 목록에서 착상을 얻고 있다. 예를 들어 루비치는 《결혼 모임》과 《다시 한 번 키스를》을 '다시 만들었고,' 히치콕은 미국에서 《나는 비밀을 안다》를 다시 만들었다. 어떤 영화는 장르를 바꿀 수도 있다. 웰먼의 《스타 탄생》과 《할리우드의 대가?》(쿠커가 이미 만들었다)는 뮤지컬 영화가 아니었는데, 쿠커의 《스타 탄생》은 바로 프랭크 피어슨이 만든 마지막 재탕작처럼 뮤지컬 영화이다. 마지막으로, 외국에서 들어온 성공 작품들이 미국화되었다. 《7인의 사무라이》로 《황야의 7인》을 만들었던 기술 방법이 이후에는 체계화되었다.

리메이크들이 야기하는 남용의 정도가 어떠하든지간에, 제작 중인 작품을 끊임없이 다시 검토하려는 열정에는 할리우드식의 탁월한 노하우의 기본적인 측면이 들어 있음을 느낀다. 새로운 무언가를 만들어 보고자 하는 바람 때문에 기존의 소재를 받아들이고 있는 사람들 —— 영화인들·시나리오 작가들·배우들·기술자들 —— 모두에게는 인내와 고집스러움, 그리고 어떤 겸손함이 있다. 각색과 리메이크가 항상 성공적이지는 않았지만, 각색과 리메이크의 목적이 성공하는 데 있지도 않다. 그것은 본래 할리우드 작품들의 표준화/차별화라는 이중적인 요구가 항상 나타나는 산업적인 실행에 있다. 그리고 그 실행들은 다른 관점에서 고참 영화인들에서부터 신인 영화인들까지, 미국 영화인들이 최선을 다할 수 있도록 해주었다는 점에 주목할 만하나.

8
영화의 음악, 뮤지컬 영화

 할리우드 영화의 모든 효과들 중에서 음악은 가장 효과가 두드러지면서 동시에 가장 파악하기 힘든 부문이다——어쨌든 파악하기 힘들고 아직도 해석하기 힘든 것 중의 하나이다. 장식적이고 마음을 사로잡는 음악은 사람의 마음을 사로잡고 유혹하는 것으로, 영상이 미처 충분히 설득하지 못한 관객의 동의를 얻어내는 것으로 이해된다. 무성 영화 시대에 이미 음악은 영화를 매끄럽게 연결시켜 주는 요소였다. 당시 음악은 자질구레한 소음을 덮는 데 사용되었던 만큼 극적인 효과를 강조하는 데에도 사용되었다. 상영을 관례화하고 현실과의 모든 불쾌한 접촉을 차단시켜 주는 데 기여한 이러한 방음 역할은 그후에도 확대될 수밖에 없었다.

1. 영화 서술의 구성 요소

할리우드 영화는 음악으로 분간된다

 다른 곳에서와 마찬가지로, 여기서 할리우드 제작 시스템이 별안간 만들어지지는 않았다. 스튜디오들은 최우수 작가들을 모은 것처럼, 1930년대부터 조직적인 음악 부서를 만들었다. 그 음악 부서에는 계약을 한 최정예의 작곡가·음악가 그리고 편곡자들이 포함되어 있다. 이런 모든 전문가들의 작품은 엄격한 주문에 의해 매우 짧은 기간 안에 완성되어야 했고, 그 작품은 음계를 조금도 읽을 줄 모르더라도 항상 음악 분야에서 가장 적합한 게 무엇인지를 알고 있는 제작자의 준독점권하에서 완성되었다.

 이런 상황에도 불구하고, 또는 이런 상황 때문에 할리우드 음악은 매우 체계화된 장르가 되었고, 그래서 영화는 귀를 통해 거의 분간되고 있다. 다시 말해 유성 영화의 초기 10년 동안, 그리고 조금은 그 이상으로, 음악은 할리우드에서 제작된 것처럼 그렇게 **영화 서술의 주된 구성 요소**로 남아 있었다. 19세기말의 서정적인 교향악의 영향, 특히 바그너의 모델은 의미심장하다. 대부분 유럽에서 온 스튜디오의 작곡가들——에리히 볼프강 코른골트·막스 슈타이너·프란츠 박스만·디미트리 티옴킨——은 이야기를 바탕으로 형상화하는 작곡 기법을 알고 있었고, 이를 실행하였다. 그들의 취향은 할리우드의 규준이 되었다. 즉 긴 멜로디, 힘이 넘치는 오케스트라 파트, 테이프 이미지를 충실히 반영하고 있는 음악의 연속이 할리우드 음악의 규준이 되었다. 그때는 영화의 나아갈 길을 제시하고 관객의 관심을 지지하며, 단호하게 관객의 관심을 다시 일으켜 주는 상투적인 표현들과 모티프 그리고 테마가 가득한, 중복법까지 사용한 장황한 음악의 전성기이다.

테마 음악의 우세

1930년과 1940년 사이의 악곡들은 거의 플롯의 모든 도약을 따르고 있었다. 첫번째 영상부터 마지막 영상까지, 음악은 동시에 병행되고 있는 아주 조형적인 이야기를 알려 주었다. 대형 스튜디오들의 음악 부서가 염려한 주된 핵심은 테마 과잉이었다.[1]

테마는 등장인물을 소리로 형상화한 것이다. 따라서 모든 관계를 고려해 볼 때 테마는 화면에 나오는 등장인물처럼 악보에 나와 있다——《바람과 함께 사라지다》에서의 타라의 테마(막스 슈타이너의 음악)는 가장 경이로운 표본으로 남아 있다. 반복되고 충분히 전개되고 싫증이 나도록까지 미묘한 변화를 주고 있는 주제가(主題歌)는 인기곡이며, 영화를 부드러운 추억의 영역 속에 심어 주는 가장 확실한 수단이다. 게다가 주제가는 스튜디

---

1) A. 라콩브와 C. 로클, 〈할리우드 또는 돌의 향연〉,《영화 음악》, p.39. 할리우드에서의 영화 음악 진화 총결산에 관한 이 훌륭한 장(章)을 참조할 수밖에 없다.

오늘이 세분화시킨 작업 방법들에 부합한다. 다시 말해 작곡가는 주제가를 만들어 내고, 편곡자들은 영화의 필요에 따라 주제가를 여러 음색으로 만들어 내는 정성을 쏟고 있다.

주제를 표현하는 방법의 용이성은 샹송까지, 오케스트라의 흐름에 아무런 문제 없이 동화되고 있는 서민적인 또는 민속적인 리토르넬로까지 사용할 수 있다. 그것은 매번 다르게 반복되고 변조되어 주인공의 목소리로 만들어져 있는 서부 영화(《황야의 결투》《하이눈》)에 매우 자연스럽게 개입되어 있다. 그런 다음 그것은 영화 음악이 대중의 마음속에 깊이 뿌리내렸음을 강조하며, 다른 모든 장르들로 확대될 것이다.

'보이지 않는' 음악에서부터 새로운 자유까지

고전 시대의 초반부에는 영화 음악이 역설의 중심에 있었다. 그러나 거의 어디에서나 나오는 영화 음악은 서술과 똑같은 '불가시성' 규칙들을 따르고 있다. 영화 음악은 영화 속으로 슬그머니 들어가거나, 아니면 관례에 따라 영화 속에서 사라지고 있다. 그 기법이 매우 능숙해 성가시게 끼어드는 음악일지라도 결코 귀에 거슬리지 않는다. 서부 영화에서 기병대의 도착을 알리는 우레와 같은 군대행진곡도, 사랑의 이중창을 동반하는 바이올린의 긴 흐느낌도 거의 '들리지' 않는다. 반면 이런 충실한 동반자들의 부재는 분명 매우 세련되지 못한 것으로 느껴졌을 것이다.

또한 1940년대와 1950년대에는 할리우드 음악에서 좀더 현대적인 시기로의 이행을 나타내는 여러 가지 부재가 보인다. 대다수의 제작이 음악적 효율성에 대한 현행법들을 따르고 있는 동안, 개혁자들은 작업을 하고 있다. 필름 누아르는, 그때까지 위대한 극적인 장르들을 지배했던 성급한 단순화와는 동떨어져 있는, 고유한 음악적 수사학을 발전시키고 있다. 그 중에서도 《로라》를 위한 데이비드 락신의 유명한 악곡과 《빅 슬립》을 위한 막스 슈타이너의 악곡이 이를 입증해 주고 있다. 테마들은 좀더 섬세하고 눈에 띄지 않게 만들어지거나, 사라진다. 이런 사실로 영상의 지배를 덜 받는 악곡들은 특수한 음향 세계를 만들어 내어, 《보바리 부인》을 위한 미클로스 로차의 아름다운 왈츠곡이나, 웰스와 특히 히치콕을 위한 버나드 허먼의 작품들처럼 작곡의 순수한 가치를 획득하고 있다. 더욱이 할리우드에서 이전에는 상상하지 못했던 연출가와 작곡가간의 새로운 협력 형식 또한 진전의 징후이다.

허먼과 히치콕이 영화 음악을 상당히 진전시키고 있다면, 그것은 악곡이 여기저기서 나오지 않게 함으로써, 영화 첫머리 자막(《북북서로 진로를 돌려라》《현기증》참조)처럼 일반적으로 완벽한 불가시성에 가까운 순간에, 그리고 완전히 사라질 때 더더욱 두드러지기 때문이다. 히치콕의 위대한 영화들은 소위 갑작스런 **음악의 후퇴**(retrait de la musique)를 암시하는 초기 작품들 사이에 분명 있다. 예를 들어 《새》의 초반에는 기계로 만든 새들의 울음소리만이 테이프 음향을 가득 채우고 있으며, 또 소리가 없는 긴 서스펜스 장면(《마니》)에서는 음악이 마치 이야기처럼 감정을 최대한 응축할 수 있도록 중단되고 있다.

마지막으로, 재즈는 《황금팔을 가진 사나이》에서 항상 엄격한 감독하에 관리가 되었는데도, 자유의 징후로 나타나고 있다. 그 영화에서는 엘머 번스타인이 오케스트라에 재즈 팀을 처음으로 도입하고 있다. 사람들이 《사형대의 엘리베이터》를 위한 마일스 데이비스의 즉흥곡을 귀담아 듣지는 않는다. 그러나 그것은 완전히 평행한 길 위에서가 아니라 영화와 관련해서 대위법으로 작곡한 곡으로 전개되기에, 결국 악기가 오케스트라 파트에서 떨어져 나갈 수 있다는 신호이다. 《파리, 텍사스》를 위한 리 쿠더의 독주——흔히 쓰지 않는 음계들과 진동으로 울려퍼지는 휴지로 이루어진 멜로디를 지닌——까지 본질의 차이가 아닌 음계의 차이만은 없을 것이다. 존 윌리엄스와 대형 영화의 소생과 함께 1970년대에 시작됐던 열광적이고 조형적인 악곡들의 리턴은 영화에서 대단한 것을 변화시킬 수 없었다. 그후로 미국 영화의 유성 공간은 가장 특이한 목소리들로 열리고, 이전의 음악적 솔직함은 가장 많이 합의를 본 작품들 속에서조차도 결국에는 잊혀지는 것 같다.

2. 뮤지컬 영화의 미국 전통

그러나 할리우드 영화가 영화 음악의 '개념'을 만들어 냈음에도 불구하고, 할리우드 영화의 특성은 다른 곳에서, 즉 할리우드 영화가 가끔은 음악을 불필요한 요소가 아닌 주요 요소로 만들 줄 아는 방식에서 나타나고 있다. 그렇기 때문에 할리우드 영화는 유럽에서 결코 실재할 수 없었던 뮤지컬 영화의 전통을 가지게 되었다. 그리고 그 전통은 또한 음악적 여흥의 취향으로 유명한 동양——특히 이집트와 인도——의 영화 기술들 속에서만 발전되고 있다.

유성 영화와 함께 탄생한 장르

뮤지컬 영화는 미국에서 음향의 혁신을 포함하는 거대한 이점을 누렸다. 에디슨이 이미 어느 여류 성악가의 완벽한 목소리를 녹음하기를 바랐었기 때문이다. 할리우드 영화는 말을 하기 전에 노래를 불렀었기 때문에 미래는 뮤지컬 영화가 옳다고 인정했다. 유성 영화의 급성장은 또한 굉장한 대중화였고, 서민들과 뉴욕에서 멀리 떨어진 곳에 사는 사람들 모두가 뉴욕의 훌륭한 공연들을 볼 수 있는 수단이었다. 그후로 사람들은 스크린에서, 즉 뮤지컬 코미디의 '순수' 맥락 속에서, 오페레타와 오페라 속에서, 작곡가들이나 가수들의 일대기를 영화화한 전기 속에서, 그리고 군인이나 카우보이가 전쟁 영화나 서부 영화에서 짤막한 노래를 부르는 경우가 드물지 않기 때문에, 사소한 범위 내에서, 음악 개입이 매순간 '기생'될 수 있는 다른 모든 장르 안에서 계속해서 음악을 연주하고 노래 불렀다.

'뮤지컬'의 성공 장르

뮤지컬——프랑스에서의 '뮤지컬 코미디'——은 이런 전통에서 매우 유리한 입장에 있다. 이 장르가 모든 향수의 장이라면, 그건 그런 장르의 존속 기간이 할리우드 황금기의 존속 기간과 거의 정확하게 일치하기 때문이다. 이 장르는 할리우드 황금기의 완벽한 발로이다.

할리우드 영화가 항상 지향했던 **공연**(spectacle)으로 가장 인정받은 형식인 뮤지컬 코미디는 스튜디오 시대 후에는 살아남지 못했다. 그 어떤 장르보다도 뮤지컬 코미디가 더 많이 **스튜디오 시스템**(studio system)과 이해 관계를 같이했기 때문이다. 뮤지컬 코미디가 요구했던 재능인들(저자이면서 작곡가인 사람들, 연기자들, 무희들, 안무가들, 무대장치가들, 무대의상업자들)의 결합은 엄격하게 제작의 지휘를 받고 있는 이들 전문가 모두의 협력이 작업과 노력의 모든 압력이 엄격히 배제된 곳에서 조화롭게 융합되었던 만큼 더더욱 인상적이었다. 쾌락에 대한 할리우드의 윤리는 엄청난 자금력이 가장 단순한 여흥을 위해 쓰여진 이런 영화들 속에서 강렬하게 작용하고 있다. 그 영화들은 다양한 도전에 직면해 있는 연출을 위한 지속적인 연습이며, 뿐만 아니라 할리우드 영화의 기술 혁신들——다시 말해 음향, 모든 분야에서의 특수 효과들, 테크니컬러의 화려한 채색, 1950년대부터 시작된 새로운 크기의 와이드 스크린——이 우선적으로 작동되었던 엄청난 연구실이기도 하다.

뮤지컬 코미디는 가장 민주적인 형태로 스튜디오들의 작업을 구현하고 있으므로, 감독들보다는 **수행가들**(아스테어와 로저스, 엘리너 파웰·진 켈리·주디 갤런드)·안무가들(버스비 버클리·마이클 키드·보브 포스)·제작자들(RKO의 팬드로 S. 버먼, **MGM**의 아서 프리드와 조 패스터낵)을 더 많이 활용했다. 감독들의 활동 반경이 그만큼 풍부하고 절대적인 재료에 맞서 때로는 좁아졌다. 그러나 몇몇 영화인들이 뮤지컬 영화에서 특별한 표현의 장을 찾았으므로, 예외는 상당히 많이 있다. 예를 들어 루비치는 유성 영화로의 이행을 개시하기 위해 빈 스타일의 오페레타를 선택하고 있다. 빈센트 미넬리는 음악과 색채에 대한 자신의 시적인 특성을 발휘하기 위해 스탠리 도넌/진 켈리·찰스 월터스·조지 시드니의 편에서, 심미적인 **MGM**에서 예외적인 상황을 찾아냈다. 그들은 저마다 나름대로 **뮤지컬**이라는 장르에 귀족 작위(lettres de noblesse)를 수여했다.

반성적 장르

본질적인 특성 이외에도 뮤지컬은 부분적으로 자신의 특별한 운명을 설명하지 않고는 존재하지 않는 또 다른 장점을 지녔다. 다시 말해, 뮤지컬은 지칠 줄 모르는 매력적인 거울이 되는 할리우드 영화의 신념임을 자처하고 있다. 그 중에서도 특히 반성적 장르인 뮤지컬 코미디는 자신을 만들어 낸 제도를 한없이 반영하고 있다.

물론《사랑은 비를 타고》가 바로 생각난다. 그 영화는 오늘날에도 미국 영화 속에서 유성 영화의 출현에 관한 가장 매력적인——그렇지 않으면 가장 신뢰할 만한——자료로 남아 있다. 3등분으로 나뉜 시네마스코프/테크니컬러/스테레오 음향(Cinémascope/Technicolor/son stéréophonique)의 새로운 지배는《실크 스타킹》에서 매우 풍자적인 방식으로 칭송받았다.

뮤지컬은 처음부터 계속해서 은유적인 방법으로 영화에 대해 말했었다. 브로드웨이의 화려한 쇼(《42번가》)에서 아마추어들의 공연(《품에 안은 아기들》)에 이르기까지, 준비중인 공연들과 그리고 각자 맡은 역할을 연습하는 예술인들을 거의 언제나 보여주면서 말이다. 그리고 특히 MGM에서는 장르의 전성기 동안, 뮤지컬 코미디의 프리즘이 무수히 많은 유색 섬광을 반사하기 위해 패러디까지 해서 자신의 표본을 '화려하게 하는' 다른 장르들을 즐겨 굴절시켰다. 즉 과격한 인물들이 나오는 필름 누아르(《밴드 왜건》의 무도극 〈걸 헌트〉) · 익살극(《사랑은 비를 타고》에서의 〈그들을 웃겨라〉 레퍼토리) · 서부 판타지(《오클라호마!》《애니여 총을 잡아라》) · 이국적 모험극(《해적》) · 비현실적 시대극(《세인트 루이스에서 만나요》《부활절 행진》《지지》) · 불가사의들(《브리가둔》) · 풍자 코미디(《실크 스타킹》), 그리고《온 더 타운》에서의 서스펜스까지.

《온 더 타운》은 MGM의 가장 완벽한 성공작 중의 하나이다. 그 액션은 아침 6시에 시작해서 다음날 아침 6시에 끝나고 있다. 해군 3명이 뉴욕을 방문할 수 있는 24시간의 휴가를 가진다——그리고 사랑에 빠지게 된다! 그들 중 1명은 진 켈리가 연기한다. 그는 꿈에 그리던 젊은 여성을 추격하는데, 즉 그녀를 발견하고 다시 잃으면서, 하루의 대부분을 보내게 된다. 줄거리 전개상 제시될 수밖에 없는 엄격한 데드라인이 그에게 가장 훌륭한 서스펜스 영화들의 숨가쁜 리듬과 결코 약해지지 않는 리듬감처럼 숨가쁘게 움직이는 리듬감을 부여해 주고 있다. 대도시의 열광적이고 끊임없이 계속되는 움직임을 표현하는 것 또한 관련이 있기 때문이다. 이 영화는 상당 부분이 뉴욕 거리 야외에서 촬영되었다.

3. 뮤지컬 영화, 서술성과 사실성

줄거리를 일시 정지시키는 요인으로서의 음악 레퍼토리

장르에 대한 끊임없는 설명으로, 뮤지컬은 비평이 드러나지 않고 대개 대수롭지 않은 상태로 있더라도 어떤 점에서 객관적으로 바라보게 되고, 숙명적으로 비판적인지를 입증하고 있다. 그러나 뮤지컬 그 자체가 한결같이 비판 대상으로 삼고 있는 할리우드 표현 방식을 내면적으로 띠고 있지 않았다면, 뮤지컬은 그런 역할을 수행할 수 없었을지도 모른다. 이 경우, 뮤지컬의 공헌은 앞에서 분석했었던 개그나 서스펜스와 같은 종류에 속하며, 아직까지는 더 능가하고 있다. 여기서는 줄거리가 정지되고, 오로지 위기의 순간에만 갑작스럽게 느슨해지는 것과는 무관하기 때문이다. **이야기의 중단**과 필연적 귀결의 중단——음성/연기 특색 속으로 노래/춤으로 된 특색의 침입——은 예상되었을 뿐만 아니라 빈번하게 사용되고, 합법적이다. 미결 상태로 두는 게 여기서는 규칙이다. 즉 영화 속의 모든 것이 '레퍼토리'를 허용해 주기 위해 '멈춰서고 있다.' 법칙도 바뀐다. 다시 말해 일반적으로 유연한 서술을 보장해 주는 음악 또한 **중단 요인**이 된다. 무도곡의 노래나 음악들은 흔히 영화의 악보 속에서는 낯선 장치이고, 저자이면서 작곡가들인 특별한 전문가들(조지 거슈윈·콜 포디·로저스와 하트·어빙 베를린·콤든과 그린)에 의해 만들어진다. 보행은 춤이 되고, 본래 예측 불능의 대화는 잘 아는 노래 가사들로 대체되고 있다——기존의 음악 자료를 이용하지 않는 뮤지컬 코미디들은 드물었다.

MGM이 합법적으로 기록보관소에서 발췌한 뮤지컬 레퍼토리 선집(《이것이 엔터테인먼트야》, I·II·III)이 장르의 규칙을 심하게 변질시키고 있음에 주목하게 된다. 뮤지컬 레퍼토리들이 전체적인 리듬에 없어서는 안 될 코미디 장면들을 통해 도입되고 이어질 때에만 완전한 효과를 만들어 낼 수 있기 때문이다.

사실성의 착각

더욱이 어떤 특색에서 또 다른 특색으로 넘어가는 기술은 해가 지나면서 의미 있는 진전이 일어난 유일한 분야이다. 사실, 뮤지컬의 내력이 뮤지컬이라는 장르가 공연물에서 진실로, 기교에서 자연스러움으로 착실하게 진보했음을 믿게 해줄 때, 그 내력은 단순히 스튜디오들의 공식적인 이야기만을 재생시키고 있지 않다. 물론 주제와 기술 그리고 대중의 분별력은 진화한다. 뮤지컬들도 또한 다른 것과 동시에 지각되는 사랑 이야기로 "공연합시다!"라는 유형의 플롯에 더 이상 매여 있다고 느껴지지 않으며, 따라서 뮤지컬들은 매우 자연스럽게 실외에서 촬영하는 기쁨을 발견하기 위해 때로는 스튜디오를 떠나게 되었다(《온 더 타운》). 그러나 현실 세계에서의 이런 거짓 정착은 장르의 규칙을, 즉 《즐거운 과부》에서 《웨스트 사이드 스토리》까지 근본적으로 변화시키지 못했다. 그리고 현실 세계로의 거짓 정착이 실제로는 좀더 일상적인 주제와, 여기에 좀더 진지하기까지 한 주제와 가까워지려 한다는 사실에도 불구하고 미국 뮤지컬 영화는 끈질기게도 **모든 사실성의 영향을 받지 않는** 상태로 남았다. 게다가 미국 뮤지컬 영화의 매력이 적어도 처음부터 미국 뮤지컬 영화를 지배하고 있는 엄격한 관례에서 유래하고 있기 때문에, 미국 뮤지컬 영화를 비난하기는 힘들 것이다.

어쩌면 미국 뮤지컬 영화는 초기 전성 시대 때에만 사실성에 입각해, 버스비 버클리가 안무하고 로이드 베이컨·머빈 르 로이·레이 엔라이트 등이 지휘한 워너사의 뮤지컬 코미디들——《42번가》《1933년의 황금광들》《각광 행렬》《여인들》——의 초기 전성기 때에만 사실성을 바탕으로 해서 시도되었었는지도 모르겠다. 위기를 배경으로 해서 올려진 공연물들의 스토리는 보통——모든 단계를 고려해서——실업중인 코러스들의 삶에 대한 사회 다큐멘터리 형식을 취했다. 그리고 기하학적인 도형으로 배열하고 있는 여자들 전체를 비추는 '불가능한' 시각으로 유명한 버스비 버클리가 결정한 레퍼토리들이 있음에도 불구하고, 줄거리에 자격 없이 끼어든 발레 음악은 뉴욕 거리를 돌아다니는 3명의 해군이나 또는 《파자마 게임》——뮤지컬과 사회 영화를 결합하고 있다——에서의 노동자들로 가득한 작업장을 지배하고 있는 음아저 접근에 비해 결국은 더 그럴듯해 보이지 않았다.

좀더 밀도 있는 영화 조직

여러 해 동안 실제로 진보했던 것은 접근의 사실성이 아니라 서술적으로 연속성을 지니는 뮤지컬 레퍼토리들의 통합이다. 워너사의 영화들은 정면에서 바라보는 현명한 시선으로 연극의 관객들과 매우 유사한 뮤지컬 최고 관객들을 이미 분명 피곤하게 했다. 그리고 버스비 버클리는 무대 가장자리에 배치되어 있는 각광의 한쪽 측면에서 거의 끊김이 없이 우리를 이끌었다. 그런 다음에 레퍼토리는 시공간 속에서 웅덩이를 팠고, 그리고 오랫동안 나타나기에 내적인 세계로의 귀환을 항상 불가능하게 했던 것만을 진전시킬 수 있었다. 그리고 솔로댄서와 커플댄서의 지배가 대그룹의 안무를 대신했다. 프레드 아스테어와 진 켈리 그리고 그들의 파트너들에 의하면, 보행에서 춤으로의 이행, 대사에서 노래로의 이행은 좀더 유연하게 흐르고 매력적이었으며, 그렇기 때문에 장르의 관례에 익숙해졌을 정도로 자신의 욕구에 성숙해졌던 관객의 입장에서는 수용하기가 좀더 수월하였다.

뮤지컬 레퍼토리가 과감하게 이야기를 중단시키지 않아서가 아니다. 등장인물들의 내면 감정——사랑·기쁨·슬픔——을 표현하는 것이 임무였기 때문에, 뮤지컬 레퍼토리는 드라마틱한 가치를 지녔다. 따라서 일시적인 중지는 조금 덜 밝히는 것이 되었고, 뮤지컬 영화의 조직은 더 촘촘해졌으며, 조명 시설을 갖춘 리드미컬한 유성 체제의 필연적인 변화는 좀더 치밀하게 되었다. 그러나 이런 장르의 완화는 감동의 극치인 동시에 미학의 극치이며, 막강한 자금력으로 조화의 극치인 '볼만한 대목'——《파리의 아메리카인》의 꿈 같은 대무도극, 《사랑은 비를 타고》에서 진 켈리가 두서없이 하는 몽상——의 절대권을 결코 제거하지 않았다.

주로 보브 포스로 대표되는 뮤지컬 영화의 최고 신세대가 이런 전통을 배척한다는 것을 예상할 수 있었을지도 모르겠다. 이런 사실은 아무것도 아니다. 볼만한 대목들은 항상 마음에 남아 있으나 서로 다르다. 영화로 촬영된 신체들을 거짓 세분화시켜서까지——《달콤한 사랑》의 곡목 〈빅 스펜더〉에서, 《카바레》의 곡목 〈메인 허〉에서——분할해 상영하고 있으므로, 볼만한 대목들은 버스비 버클리의 **불가능한** 관점들과 확실한 방법으로 다시 연결되고 있다. 그러나 버클리가 자신의 훌륭한 대작 뒤에서 남의 눈에 띄지 않게 몸을 숨겼다면, 보브 포스의 시선은 반대로 작품이 지니는 연극적인 성격의 출처 때문에 아주 사소한 공통점도 인정해 주지 않는 공간의 엄격한 분할(découpage)에서 절대적이다.

결론: 부스러기 유산

뮤지컬 영화는 모두가 금방 사라지지는 않았지만, 그러나 분산되면서 쇠퇴하였다. 뮤지컬 영화는 새로운 음악들과 새로운 대중적 영웅들을 통합해 보려고 했다. 엘비스 프레슬리가 촬영한 수많은 영화들이 바로 이런 사실들의 증거이다. 가장 성공을 거둔 작품(《*Jailhouse Rock*》)들이 아직도 뮤지컬 코미디의 법칙을 충분히 지키고 있다면, 다른 작품들은 그 법칙을 지키지 않을 것이고, 그 우상이 어려움에서 벗어나도록 지속적인 프로모션 전략의 기능을 할 것이다. 그럼에도 불구하고 록과 팝의 인물들에 관한 콘서트-영화들은 1970년대에 필요했다. 하지만 그 영화들은 음악 밴드가 다방면으로 우세한 경우에만, 마치 브로드웨이의 성공작들(《위즈》《애니》《코러스라인》)로부터 다소 영감을 얻은 '놀림'인 것처럼 분간되고 있다. 촬영된 영화들의 편수가 아직도 '장르'라는 표현을 생각할 수 없을 정도로 그렇게 적지 않았다면, 우리는 어쩌면 뮤지컬의 선사학으로의 복귀에 대해 말하려고 했었을 것이다. 쇼 비지니스 요소로서의 음악은 확실히 미국 영화 속에서 언제나 경쾌하다. 반면 스튜디오 시대의 종말은 서술의 특수한 장르를 소멸시켰다. 그 장르 속에서는 이야기가 갑작스럽게 춤이나 음악의 침입을 받아 생략되었다.

뮤지컬 코미디 때문에 **행복의 이데올로기**도 또한 소멸되었다. 행복의 이데올로기는 할리우드 철학의 가장 영향력 있는 어떤 측면을 표현했으며, 제작 법칙의 절대적 필연성이 완벽하게 정당화했었던 것이다. **MGM**의 즐거운 뮤지컬들보다 더 '가족적'이고, 조심성과 도덕에 좀더 적합한 영화는 거의 없었다. 물론 오늘날에도 이런 행복의 이데올로기가 계속 존재하는 미국 영화가 일부 있다. 그러나 미국 영화는 더 이상 선정적인 색채로 드러나는 수단을 지니고 있지 않다.

9
삶보다 큰: 초대작

'초대작'은 여러 해 동안 '할리우드 영화'를 거의 정확하게 표현하는 동의어가 되었다. 그러나 역설적으로, 그 원리는 에디슨이 미국에서 생각했던 영화 철학에 속하지 않았다. 키네토스코프를 공급하기 위해 에디슨 회사가 제작한 작은 영화들에서는, 그리고 트러스트의 대부분이 작품 속에서는 적은 비용을 들여 최대 수익을 올리려는 경제적인 염려가 영화의 질을 생각하는 것보다 훨씬 우세했다. 제작의 풍경은 독립 제작사들에 의해 변모되었다. 독립 제작사들은 트러스트의 지배에 맞서 싸우는 수단이 좀더 제작에 투자를 하고, 좀더 존중할 만한 관객, 중산층 대중에 가까운 영화관의 관객을 영화관 경영자들을 통해 유혹하는 것이라고 확신하였던 사람들이다. 당시 그 모델은 유럽에서 건너왔다. 유럽은 이미 그 이전에 이탈리아의 대시대극들이나 프랑스의 예술 영화를 통해 최상급의 영화 개념——예산을 통해 또는 정신적으로——을 만들었다. 따라서 미국 영화에 좀더 길고 좀더 비용이 들어가는 공연물 쪽으로, 1명 또는 여러 명의 배우들이 출연함으로써 화려한 조명을 받게 되는 공연물 쪽으로 나아갈 길을 제시해 준 것은 바로 유럽 영화이었다. 그 길은 열려 있었다. 주커와 《엘리자베스 여왕》 이후, 할리우드는 끊임없이 계속해서 '삶보다 큰(bigger than life)' 나라가 되었고, '삶보다 더 큰' 영화의 나라가 되었다. 초대작의 개념이 할리우드 시스템을 근본적으로 이해하는 데 꼭 필요하게 되었다는 점에서 그러했다.

1. 각각의 역사적 단계의 초대작

초대작은 할리우드 역사의 가장 중요한 단계들을 나타낸다. 초대작은 만들고 부수는 것, 재건하는 것, 그리고 무너뜨리는 것이다.

• 1915년 《국가의 탄생》은 그리피스의 대표작이 되었고, 1916년 엄청난 규모의 《편협》은 관객을 끌지 못하였다. 여러 가지 관점에서, 그리피스의 경력은 장편과 단편, 내면의 드라마와 거대한 공연물, 현실주의와 서사적 작품의 균형을 통해 활기를 띠었다.

《편협》에서는 모든 것이 "배경의 규모에 속한다. 다시 말해 거대하다. 16주간의 촬영, 40만 달러의 예산, 5천 명의 엑스트라, 76시간의 감광된 필름, 최종 편집을 마친 14개 분량의 필름(3시간 이상의 상영)…… 바빌론 건물의 배경은 높이가 45미터였고,

무대장치가인 허크 워크먼은 바퀴가 달린 거대한 탑을 제작했었다. 그 탑은 25명의 일꾼이 밀어야 레일 위에서 굴러갔다."[1]

• 무성 영화 전성 시대인 1920년대에는 스크린상에 전개된 호사스러움은 화려하고 거대한 영화관들의 호사스러움에 맞먹는다. 그때는 (영광의 절정에 있던 발렌티노가 출연한 렉스 잉그럼의) 첫번째 작품인《묵시록의 네 기수》의 시대이고, (프레드 니블로의 첫 작품인)《벤허》의 시대이다.

• 음향의 도래는 10년이 지나서야 인간과 동일선상에 있는 현실주의 쪽으로의 노선 변경을 야기할 수 있을 것 같다. 무엇인가를 대신해서, 음향 도래는 브로드웨이를 캘리포니아로 옮겨 놓고 있는 뮤지컬 영화('모든 대사, 모든 노래, 모든 춤')의 세상을 새로 만들어 내고 있다. 예산이 항상 거대하게 책정되는 것은 아니지만, 그러나 의도는 언제나 초대작을 지배했던, 다시 말해 보다 많은 볼거리, 보다 많은 감동, 보다 많은 만족감을 만들어 내고자 했던 것이다.

• 그런 현상은 단지 테크니컬러의 상업화와 여러 가지 기술(시네라마, 시네마스코프, 그리고 또 다른 크기들, 스테레오 음향, 3D 특수 효과들)로 인해 한층 더 뚜렷해졌다. 이런 기술들을 통해 미국 영화는 1950년부터 영화가 텔레비전보다 훨씬 우월함

---

1) C. M. 보세노·J. 거스텐콘,《할리우드, 꿈의 공장》, p.31.

을 표명하려고 했다. 곧 초대작들은 비용이 많이 들었으므로, 할리우드는 '변절자들'이라고 불렀던 작품들 속으로 추방될 수밖에 없었다.[2]

• 스튜디오들의 붕괴로 인해 문제가 바뀌지는 않았다. 1960년대와 1970년대는 과장된 장르들——스타가 최소한의 역할만을 맡고 있는 전쟁 영화(《지상 최대 작전》)와 재앙 영화들——이 증가하는 것이 보였기 때문이다. 그리고 이런 초대작의 오랜 진척은 분명 신할리우드 영화인들, 즉 루카스·스필버그·코폴라 같은 사람들을 예고해 주었을 뿐이고, 그들의 예산은 약 1천만 달러가 되고 있다.

2. 스튜디오들의 상황과 관련되어 있는 현상

경영 단계에서

초대작의 개념 자체는 스튜디오의 황금 시대와 관련이 있고, 황금 시대의 원리인 동시에 정당성이다. '부문별' 예산 계층화는 메이저 회사들의 경제 상황의 기본 요소이기 때문이다. 메이저 회사들은 제작과 배급뿐만이 아니라 경영까지도 장악하고 있다. 그런데 경영 조직은 통제받는 영화관 수보다는 영화관의

---

2) p.22 참조.

질에 더 근거하고 있다. 영화 한 작품에 대한 대부분의 흥행 수입을 거두어들이려면, 무엇보다도 먼저 대도시들의 독점 상영관들의 조직망을 통제해야 한다. 그곳에서는 영화가 좀더 비싼 값으로 한 프로그램(이류 영화관에서는 두 개 또는 세 개의 프로그램을 동시 상영하는 것과는 달리)만 상영되고 있다. 영화관이 특별하면, 영화도 특별했다. 독점 판매망들이 초대형 작품들에게는 하나의 자연스런 판로였기 때문이다. 초대작들의 높은 원가는 비용이 적게 들어간 작품을 규칙적으로 제작함으로써 보충되었고, 다른 영화관들에게 공급하는 프로그램들은 저예산으로 만들어진 'B'급 영화들이었다.

제작 조건 단계에서

그러나 초대작을 대표하는 거대한 회사는 스튜디오들이 마음대로 사용하는 특별 제작 조건을 갖추고 있지 않는다면, 즉 넓은 대지, 고성능의 장비들, 흥행한 소설과 연극들의 권리를 신속하게 대단히 비싼 값을 치르고 사들일 수 있는 가능성, 최고의 기술자들과 작가·작곡가·연출가 그리고 배우들의 협력을 계약으로 확보할 수 있는 가능성을 갖고 있지 않는다면 가능할 것 같지 않다. 할리우드 스튜디오들의 큰 영향력은 필요한 모든 요소들을 '손아귀'(자기 스튜디오, 또는 부득이한 경우에는 이웃 스튜디오)에 가지고 있고, 경영에 대한 할리우드 스튜디오들의 변함없는 지원 덕분에 미국의 가장 큰 은행들이 후원하는 재정 시스템을 확립하고 있다는 데서 비롯되었음을 이해하는 데에는, 오늘날 유럽에서 대부분의 굵직굵직한 작품들이 많은 파트너들의 결합과 흔히 여러 나라들의 결합을 요구하고 있음을 보는 것으로 충분하다.

대단위 단지의 지배 단계에서

그리고 스튜디오들은 현존하는 모습 그대로이기 때문에, 할리우드 영화는 풍부한 소재를 다루고 대단위 단지를 통제하는 데 있어 대단위 단지들이 연대순이든 공간적이든 인간적이든지 간에 어떠한 어려움도 겪지 않았다. 우리는 생략과 빠른 편집으로, 시대에 맞서는 복합 단지가 없고, 그럼으로 해서 **빠르고 효율적인 전개**를 펼치는 역사적 시대극을 대략적으로 묘사하는 할리우드 영화의 자유스러움이 나타남을 보았다. 할리우드에서는 방대한 무대 배경을, 즉 서부 영화와 모험 영화에 필요한 드넓은 평야와 협곡들을 그 어느 곳보다도 더 훌륭하게 찍을 수 있다는 것을 알고 있다. 배우들에 대해 말하자면, **올스타 캐스팅**으로 인기 배우들이 모였던 경우가 자주 있었다. 스타들을 모두 캐스팅하는 전략에서는, 각각의 배우가 인기 배우 옆에서 자신의 명성을 잃기보다는 그 반대로 독특한 분위기를 추가적으로 얻고 있다――MGM은 그러한 사실을 파악했었고, MGM의 신조는 '하늘에 있는 별보다 더 많은 별들을'이었다. 할리우드의 굵직굵직한 작품에서는, 효과가 더해짐으로써 무효화되기보다는 확대되고 있다. 그러나 주된 수사 하나를 생략하는 스타일은 할리우드 제도 전체를 지배하고 있는 과다한 허풍과 과장

──시각적·음향적·서술적인──을 똑같이 있는 그대로 받아들이고 있다. 모든 초대작은 근본적으로 할리우드 영화가 자기 자신에게 던지는 자신감 넘치는 시선이며, 자신의 영광스러움을 노래한 찬가이다.

3. 두 팔을 가진 할리우드 바보

'초대작'이라는 명칭은 1950년대에 고대 역사 영화와 성서 관련 영화의 유행을 유명한 작품 제목과 유명한 명사들, 즉 세실 B. 드밀·슈트로하임·셀즈닉과 《바람과 함께 사라지다》──이 영화의 준비와 촬영은 하나의 거대한 모험담이었다──의 정신에 삽삭스럽게 떠오르게 했다. 그러나 대부분의 미국인 감독들이 상당히 보잘것없고 내면적이기까지 한 특색으로 성공을 했었고, 초대작이 그들의 취향도 그들의 스타일도 아니었음에도 불구하고 언젠가 초대작을 살펴보았다는 사실을 이런 거목들은 숨겨서는 안 된다.

예산과 스타일의 논리

그들이 그러한 사실을 흔쾌히 받아들였거나, 또는 그들이 계약 때문에 그렇게 할 수밖에 없었다는 이유는 결론을 조금도 바꾸지 못했다. 굵직굵직한 작품을 만든다는 것은 언제나 어려움을 극복한 사람으로 나오지 못하는 싸움에서 할리우드 바보를 두 팔로 감싸는 것이다. 맨케비츠는 다른 것들 중에서도 이를 확인해 주는 하나의 증거가 되고 있다. 《클레오파트라》가 너무도 미움을 받았기 때문에 맨케비츠는 그 영화를 언급하는 것조차 거부했었다. 그러나 미국 영화인들 또한 이런 비교를 통해 엄청나게 성장하고 있음은 의심할 여지가 없다. 왜냐하면 《그들은 밤에 산다》와 《북경의 55일》(N. 레이), 《연인 프라이데이》와 《파라오의 땅》(H. 혹스), 《시계》와 《묵시록의 네 기수》(V. 미넬리), 《아스팔트 정글》과 《백경》(J. 휴스턴)처럼, 감독이 예산 단계에서 완전히 대조되는 영화들을 자신의 경력으로 지닐 수 있게 해주는 영화 기술들이 세상에는 별로 없기 때문이다. 그리피스의 스타일처럼 가장 훌륭한 미국 영화인들의 스타일은 저예산과 고예산 사이의 논리 속에서, 즉 내면주의와 화려한 볼거리, 검소한 영화의 간결한 영상과 프레스코 촬영법으로 진행되는 카메라의 폭넓은 움직임들 사이의 논리 속에서 단련되었다. 다른 어떤 나라에서도 익살극은 날림으로 대강대강 해치운 단편과 키스톤식의 초대형 작품이 갖는 경제적인 대립 속에서 망설이지 않았다. 그리고 워너사의 뮤지컬 코미디에서는 영화 내면에서 동요가 일어났다. 즉 평범하게 저렴한 비용으로 촬영된 코미디의 장면들과, 버스비 버클리가 탁월하게 '안무했던' 것만큼이나 비용이 많이 드는 뮤지컬 음악 레퍼토리들 사이에서 동요가 일어났다.

작품이 지배하는 영화

이런 논리는 산업의 중심에 각인되어 있기 때문에 초대작은 하나의 모호한 영역이다. 즉 선택의 장 아니면 강요의 장이고, 어마어마한 거대함이 예술가의 목소리를 증폭시킬 수 있거나 아니면 완전히 질식시켜 버릴 수 있는 장이다. 미학적으로도 그것은 아주 무거운 기기에 직면한 영화인이 가장 많은 자유를 누리고 있는 영역이 아니다. 따라서 초대작을 지배하고 있는 모습은 대개 제작자나 스튜디오의 모습이다. 여러 해 동안 가장 좋은 본보기로는 3명의 감독(G. 쿠커·S. 우드·V. 플레밍)과 1명의 진정한 책임자(데이비드 O. 셀즈닉)가 만들어 낸 《바람과 함께 사라지다》가 있다. 스튜디오 시대 내내 그리고 그후에도 굵직굵직한 많은 미국 작품들은 한 감독의 개인적인 재능보다는 다양한 능력과 수단의 결합에 의거해 만들어졌다. 즉 감독은 오로지 지휘자의 역할만 할 수 있으면 되고, 최악의 경우 엑스트라 사단과 특수 효과의 기술로 인해 압도될 수도 있다.

알트먼·스코시즈·우디 앨런 같은 저자들의 풍부하고 독특한 목소리들이 할리우드의 소란을 뛰어넘는 동안, 할리우드의 소란이 1970년대에 마치 해체된 시스템의 한결같은 위력을 재확인하기 위한 것처럼 재앙 영화의 창의적인 재능으로 확대되었다는 것은 중요하다. 《타워링 인퍼노》《에어포트 75》《포세이돈 어드벤처》는 모두가 똑같은 3연승 승리자를 근간으로 해서 만들어졌다. 다시 말해 일군의 재능 있는 인기 배우들, 볼거리가 있는 특수한 효과들, 그리고 철저한 무명 작품을 근간으로 하고 있다.

모든 갈등의 중심에서: 시간

그리피스 이후부터 오늘날까지, 초대작은 계속해서 강력하고 개성적인 표현들의 메가폰 역할을 해왔다. 그 표현들은 사용되고 있는 기상천외한 수단들이 어울리는 그런 것들이다. 그러나 완전한 조화는 드물고, 연출가들과 제작자들간의 대립은 흔히 **삭제**의 가혹한 필연성과 관련해서 구체적으로 나타나고 있다.

길이를 요구하면서 동시에 길이를 제한하는 것은 사실 초대작에 대한 가장 열광적인 반론 중의 하나이다. 초대작은 처음부터 길이의 실질적인 증가와 늘 관련되었었고, 따라서 상영 시간의 실질적인 증가와도 관련되어 있었다. 할리우드의 역량은 보통 장편의 볼거리 매력에 있었다. 그리고 실제로, 여러 가지 수사에 대한 연구에서 이미 살펴보았듯이, 시간의 조작과 늘이기는 모든 효과의 기본이 되고 있다. 이들은 카메라의 폭넓은 움직임과 편집의 장엄한 숨결을 조건지으며, 또한 내적인 장면들, 즉《클레오파트라》에 나오는 시저와 클레오파트라의 대화처럼 길고 섬세한 장면에도 영향을 끼치고 있다. 기술적인 위업 자체는《편협》에서의 바빌론의 추락, 42대 카메라로 촬영된《벤허》의 이륜마차 경기,《십계》에 나오는 홍해의 열림과 관련이 있는 기술적인 특별한 모든 가능성들을 보여 줄 수 있을 정도로 충분히 긴 일시적인 부분에서 전개되는 경우에만 이득이 있다.

따라서 초대작은 시대의 예고편에서, '모든 시대를 걸쳐 가장 훌륭한 공연물' 또는 '일생에 하나밖에 없는 공연물' 의 예고편에서 쉽게 제시되고 있는 명칭을 증명하기 위해 오랫동안 지속되어야 한다. 동시에, 할리우드 영화의 강점은 영화가 원칙적으로는 결말을 향해 진행되어 간다는 점이며, 그 결말이 영화의 방향과 효율성 그리고 리듬을 제시한다는 점이다. 그렇기 때문에 긍정적으로 **끝을 맺을 수 없다**고 평가한 영화들에 맞서는 제작자들의 이런 전쟁은 끊임없이 일어나고 있다. 그러므로 초대작은 **지나칠 정도로** 길게 지속되어서는 안 된다──'지나칠 정도'라는 이런 기준은 제작자가 아닌 사람은 누가 되든지간에, 그런 사람에 의해서는 정해질 수 있는 것 같지가 않다. 또한 할리우드 역사는 이런 주제와 관련해서는 상당히 많이 대립되고 있다.

가장 유명한 주제는 탈버그와 슈트로하임을 빈번하게 비교했다. 유니버설에서 탈버그는 《어리석은 부인들》(원래는 5시간짜리)의 3분의 2를 삭제했고, 《회전목마》를 촬영하는 도중에 슈트로하임을 해고했다. 그는 **MGM**에서 필름이 42개인 《탐욕》을 10개로 만들었다.

할리우드의 매력은 어쩌면 잘려 나가 소실된 영화 속에, 즉 언제나 완결판을 찾는 영화 팬들의 환상적인 보물 속에 있는지도 모른다. 그런데도 할리우드 영화 전체는 사실 어떤 소멸 기술(art de la disparition)을 바탕으로 해서 만들어졌다.

그럼에도 불구하고 초대작의 장르는 매우 지배적이어서 작품이 추구하는 최종 단계인 듯하며, 실제로도 창작 작업에서 빠진 적이 한번도 없었던 것 같다. 물론 초대작이 두 개의 영감——하나는 익명성과 상업적인 것을, 다른 하나는 사용되는 엄청난 재력과 지극히 개인적인 목적의 섬세함을 타협시키는 영감——으로 분명하게 나누어지기 위해서는 스튜디오들의 시스템이 종결되는 것을 기다려야 했다. 《2001년 스페이스 오디세이》의 큐브릭에서 《지옥의 묵시록》의 코폴라까지, 《천국의 문》의 치미노까지, 《태양의 제국》과 《쉰들러 리스트》의 스필버그까지, 초대작의 우레와 같은 소리는 미국인 작가의 영화가 우선시하는 하나의 특별한 표현 형식이 되었다. 이런 장르가 할리우드 시스템의 정신과 모토로 강요되었던 과거가 아닌 다른 곳에서는 그러한 설명을 찾지 말아야 한다.

10
해피엔드: 그들의 생이 끝날 때까지 행복하다

1. 할리우드 해피엔드의 기능

영화의 종료

영화는 언제 끝나는가? 이 책에서 연구된 대부분의 모습들처럼, '영화의 종료'는 폭넓고 미묘한 정의를 내리는 하나의 개념이다. 알고 있듯이, 종료 표지는 똑같은 정확성으로 종료를 확인시켜 주지 않는다. 영화의 종료를 알려 주는 출발 신호인 종료 표지는 이야기와 관례적으로 끝부분에 나오는 크레디트 사이 어디엔가 불확실한 상태로 자리하고 있으므로, 종료 표지는 자주 세련된 조형 작업의 대상이 된다. 그 작업은 내재된 (diégèse) 효과를 몇 초 더 연장해 주며, 다른 한편으로는 비상영 현실과의 재접촉을 만들어 준다.

《일출》에서는, 얼마 뒤의 《백경》에서처럼, 'FINIS'가 'THE

END'로 대체되고 있었다. 《교수형 집행관의 죽음》은 'PAS LA FIN'이라 새겨진 비문으로 종료되었다. 《*The Family Jewels*》에서는 'FIN'이란 단어가 피에로의 코에 걸린 아주 작은 플래카드에 적혀 있다. 제리 루이스의 《멋진 교수》에서는 '마지막' 키스가 마분지에 'That's (Not) all, folks'('끝나지 않음')라고 형광 펜으로 씌어 있고, 진짜 종료는 'The Beginning'('시작')이라는 표현으로 알려졌다.

게다가 종료 표지는 앞서 얻어지는 '종료되는 느낌'을 대개 확인시켜 줄 뿐이다. 이런 느낌이 뚜렷하게 형성되는 순간을 정확히 찾아내기는 어렵다. 줄거리가 마지막 시퀀스나 마지막 쇼트를 통해 항상 해결되지는 않기 때문이다. 스태프를 기록한 자막은 길고, 관객은 일정한 시간을 둔 뒤에 떠나고 있다. 그리고 몇 년 전부터는 참을성이 가장 많은 관객들이 《에어플레인》 같은 스타일의 코믹 영화에서 **영화 스태프 자막 다음에** 나오는 시퀀스를 가끔은 보는 기회를 얻고 있다.

영화가 구애받을 때

영화의 종결이 제시하는 복잡한 이론적인 문제들을 여기서는 다루지 않겠다. 그러나 영화의 종결이 **허구와는 무관한 단계들**이 강력하고 갑작스럽게 나타나는 순간이라는 것은 강조할 필요가 있다. 이런 자료가 할리우드 영화에서는 특히 민감하기 때문이다.

그런 단계들은 무엇인가?

— 뮤지컬 코미디는 피로 뒤덮인 분위기에서 끝을 낼 수 없다는 예처럼 절대적 필요성을 지니고 있는 **장르**. 진술된 사건들과는 별개로, 영화가 지니는 음색을 통해, 출연하는 배우들을 통해 영화는 어떤 유형의 결말로 종결짓도록 진행시켜 주는 내적인 논리를 가지고 있다.

— 영화의 성공이 대체로 결말에 따라 좌지우지된다는 것을 아는 **제작자**. 제작자는 전개와 관련해서는 저자들(auteurs)에게 어떤 자유를 남겨 줬을 수 있으나, 레이스 끝에서는 자신이 지배하고 있음을 재확인할 수 있다.

— **검열관**. 검열관은 일반적으로 대중의 윤리가 영화 때문에 어긋나지 않도록 영화를 끝내야 한다, 또는 끝내서는 안 된다 하는 방식에 대해 아주 구체적인 생각을 지니고 있다.

— **관객**. 관객은 영화가 자신의 기대에 부응하는 방식으로, 그리고 너무 짧지도 너무 길지도 않은 시간이 흐른 뒤에 끝나 주기를 요구하고 있다. 한 마디로 말해 관객은 결말이 자신이 돈을 치른 만큼의 대가이기를 요구하고 있다.

그러므로 영화의 결말이 때로는 저자——특히 그 분야에서 일반적으로 유일하게 결정권을 행사하는 사람인 시나리오 작가, 또는 연출가——를 통해 자유를 제한하는 하나의 구속처럼 느껴질 수 있다는 것은 놀라운 일이 아니다. 작품과 저자들 사이에 갈등이 있는 경우에는 대개 결말 부분에서이다. 그래서 히치콕은 《의혹》에서 남편이 결국은 진짜 살인자로 확인되는 것을 얻지 못했고, 웰스의 부재로 《위대한 앰버슨 가》에 가한 삭제와 변화는 웰스가 "어리석고…… 우습고…… [자신의] 시나리오와는 아무런 관련이 없는"[1] 것으로 규정한 새로운 결말을 포함하고 있었다.

행복한 사람들에게는 스토리가 없다

영화의 종료를 주저하고 있는 상태에, 해피엔드는 안심이 되는 대답을 제시한다. 행복한 결말은 이야기를 '완결지을' 수 있게 해주며, 이야기의 마지막 에피소드(예를 들어 악의를 뉘우치는 장면, 또는 마지막 키스)를 분명하게 찾을 수 있게 해준다. 멜로드라마에 관해 장 루 부르제(1985, p.158)가 증명하고 있듯이, 행복한 사람들은 소위 이야기거리를 더 이상 가지지 않기 때문에, 해피엔드 이후에는 더 이상 아무런 일도 일어나지 않는다. 비극적인 결말(예를 들어 죽음)은 똑같은 방식으로 이야기를 끝맺더라도, 관객의 입장에서 볼 때 등장인물이 영화가 끝난 뒤에도 유지하는 가상 생활에 비애나 괴로움을 추가하고 있음을 암시해 주고 있다. 해피엔드는 오로지 이 가상 생활에 종지부를 찍어 주고 있다. 이런 측면에서 해피엔드는 허구 속으로의 경제적인 침입을 나타낸다. 영화는 명백하게 끝이 나야 하고, 해피엔드는 상영이 끝났으므로 다음 사람에게 자리를 비워 주어야 함을 관객에게 알릴 수 있는 가장 분명한 방식이기 때문이다.

---

1) J. Mc Bride, 《오손 웰스》, Rivages/Cinéma, 1985, p.54에서 인용.

싫증의 수사

따라서 해피엔드가 할리우드 영화의 가장 위대한 지지자로 확인되었음을 이해할 수 있다. 해피엔드는 관객을 집으로 돌려보낼 뿐만 아니라 관객을 만족스럽게 해주어, 관객이 영화관으로 다시 올 수 있게 해준다. 미국에서 행해진 모든 연구가 대중은 행복한 결말을 선호한다고 증명해 주었다. 빠른 편집과 마찬가지로 해피엔드는 만족시켜 주는 수사이며, 더욱이 여기서는 싫증의 수사이다. 해피엔드는 할리우드에서 보통 대중이 영화를 더 오래 수용할 수 없는 시점에서 개입하고 있기 때문이다. 특히 멜로드라마처럼 예기치 못한 사건들이 풍부하고 전통적으로 행복한 결말이 예정되어 있는 장르에서는 더욱 그러하다. 그러나 그 규칙은 모든 장르에서 똑같다. 즉 사건과 감정을 집약했던 영화의 방식이 어떠하든지간에, 해피엔드는 항상 클라이맥스가 있은 뒤의 정지처럼 갑작스럽게 나타난다. 젠(1991, p.84)은 클라이맥스를 "해결을 완성시켜 주는 어떤 집약된 행위 덕분에 관객의 감정이 영화의 끝을 향해 절정에 이르렀다고 여겨지는 순간"이라고 정의하고 있다.

클라이맥스는 서로 다른 형태들을 취할 수 있다. 하지만 할리우드 기준에 따르면, 클라이맥스는 이러저러한 장르에 영화의 소속을 재확인시켜 주는 에피소드를 가장 많이 취하고 있다. 뮤지컬 코미디(《파리의 아메리카인》)에는 훌륭한 무도극들이, 서부 영화(《하이눈》)에는 최후의 대치가, 심리 드라마(《마니》에서는 갑작스럽게 생각나는 많은 추억들)에는 감정 신이, 히치콕의 다른 많은 영화 속에서는 최고의 서스펜스가, 코미디(《아기 양육》에서는 옛 영화를 잃은 사람의 좌절)에는 최종적인 개그가 있다.

2. 해피엔드와 할리우드의 이데올로기

할리우드 영화에서 눈에 띄는 사실은, 구조적이고 경제적인 필연성의 수법인 해피엔드가 관념적으로 이해되었듯이 다음 세 단계에서 사용되었다는 것이다.

영화 자체 내에서

우리는 조금 전에 해피엔드가 일반적으로 장르를 확인시켜 주는 어떤 장면 다음에 삽입되었음을 살펴보았다. 그 이상으로, 해피엔드는 영화가 권장하는 모든 가치들을 확인시켜 주는 기능을 하며, 특히 영화가 인물들을, 즉 영웅과 정숙한 여인, 요부, 배신자 등의 인물들을 정확하게 확인해 주었다는 사실로 관객을 안심시켜 주는 역할을 하고 있다.

이런 점에서, 대중은 할리우드 배우들이 지닌 아주 특별한 능력의 도움을 받고 있다. 각 배우들의 이미지가 기대되는 결론 쪽으로 영화를 이끌고 있기 때문이다. 조지 샌더스(그는 냉정하고 신의 없는 사람의 역할을 10여 번이나 했다. 《이브의 모든 것》과

《도리언 그레이의 초상》)가 마지막에 변호사라고 밝혀질 수 없듯이, 제임스 스튜어트는 완벽한 사기꾼이라고 확인될 수 없다.

할리우드 제도 내에서

그러나 해피엔드 또한 제작 법칙의 영향이며, 그것에 대한 제일가는 준비 자료들(《유성 영화용 새 미학 법칙 준비에 이용되어야 할 일반적인 원칙들》, 1929)은 분명하게 다음과 같이 말하고 있었다. "모든 영화는 권선징악을 목적으로 삼아야 한다. 이런 원칙을 실행하면서는, 에피소드와 사고보다는 영화의 전체적인 톤과 결과에 더 많은 중요성을 부여해야만 한다. 도덕적인 가치가 명백하게 드러나는 스토리 전개에서는, 악이 일시적으로 승리를 거두는 단계들이 있을 수도 있다." 따라서 행복한 결말은, 사람의 마음을 끌어들이는 매력적인 시나리오의 개념에는 필수불가결한 것이기는 하나 상대적으로 좀 덜 좋은, 예기치 않은 사건들을 개입시키지 않고도 영화 전체를 도덕적으로 고양시킬 수 있는 이중의 장점을 지니고 있다.

도덕과 사회의 단계에서

그렇다면 해피엔드의 기능이 오로지 영화업계의 이익을 보호하는 데 있는가? 확실히 그건 아니다. 해피엔드는 단순한 법칙을 넘어서 미국 사회 전체를 지배하고 있는 도덕적인 가치들을 반영하고 있다. 따라서 해피엔드는 이런 가치들이 뒤흔들리는 시기에 관객을 위로하고 있다. 교리처럼 여겨지고 있는 해피엔드는 불황의 절망적인 시대 때문이다. 그러나 해피엔드는 한쪽에서는 위로가 되었고, 다른 한쪽에서는 재번영하였기에 **미국인의 삶의 길**로 확립되었다. 프리츠 랑은 〈그들의 생이 끝날 때까지 행복하다〉라는 제목을 단 1946년의 어느 기사에서, 해피엔드는 물질적인 풍요로움 속에서 성숙해진 한 사회가 얻은 권리임을 설명하고 있다. "물질적으로 안락한 세계에서는, 개인적인 성공이 항상 폭넓게 고양되었고, 그 세계에서 국민들이 안심시켜 주는 똑같은 이야기를 영원히 반복할 수 있다는 것에 극도의 쾌락을 느끼고 있음은 놀라운 일이 아니다. '……그리고 그들은 생이 끝날 때까지 행복하게 살았다.'"(에블, 1988, p.125)

당연히 해피엔드는 급속도로 미국 대중이 바라는 요구 사항이 되었다. 그래서 유명한 소설들은 이런 기호를 충족시키기 위해 변화하였고, 미국과 유럽의 대중들의 의도대로 다양한 결론들이 촬영되었다.

장 루 부르제(1985, p.155)는 채플린의 《파리의 여인》에 대한 두 결말(미국인들에게는 교훈적이고, 유럽에는 추잡스러운 결말)과, '꾸며낸 해피엔드로 우스꽝스럽게 되어 버린' 《정복자의 힘》(R. 잉그럼, 1922)의 각색을 인용하고 있다. 1924년에는, 《테스》를 각색하는데, 루이스 B. 메이어가 토머스 하디의 소설의 끝은 너무 비극적이므로 마셜 닐런의 영화에서는 해피엔드로 바꾸기로 결정했다. 결말의 중심이 되는 행동을 변모시키기 불가능한 때에도 어찌 됐든 그 행동은 한결 부드러워진다. 엠마 보바리가 미넬리의 영화에서 자살을 안할 수는 없지만, 그러나 닥터 보바리의 안짱다리 수술 장면은 삭제되었다. 그리고 샤를르 보바리라는 인물은 고결하고 비장하게 되었다.

3. 해피엔드의 형식과 의미

허구에 적극적인 권리

미국 관객의 '법적인 권리'와 같은 해피엔드는 도전적인 모습을 설명하고 있다. 사실 **도전**적인 모습은 진행 과정의 흥미 전체를 만들어 주고 있다. 사람들이 할리우드의 해피엔드를 생각할 때, 보편적인 감정은 이야기가 진행되어 가는 이해하기 쉬운 결말과 관련이 있다는 것이다. 그러나 정확히 그 경우는 아니다. 영화가 조용히 끝나도록 내버려 두는 것과는 거리가 먼 해피엔드는 대개가 적극적이고 도전적인 모습을 하고 있다. 우선은 적극적이고 도전적인 모습이 줄거리에 종말을 강압적으로 강요하고 있어 어떤 화면을 눈에 띄게 이야기 속에 삽입하는 것처럼 두드러져 보이기 때문이다. 그 다음은, 그런 모습이 사실적이고 그럴듯해 보이는 흔적 모두를 산산조각내고 있기 때문이다. 허구에 도전하는 이런 권리는 상징적으로 《리버티 발란스를 쏜 사나이》의 결말에 나오는 기자의 태도로 요약될 수 있을 것 같다. 기자는 상원의원이 내놓은 사건의 진상을 헐뜯으며 그에게 "서부에서는, 전설이 진실보다 더 아름다울 때, 전설을 인쇄하고 있습니다"라고 말한다. 각각의 해피엔드는 사실 '진실을 무너뜨리는 할리우드' 형식의 일종의 비유담으로 설명될 수 있을 것 같다.

코미디의 '열린 결말들'

이런 사실은 분명 언제나 똑같은 생동감으로 이해되지 않으며, 일반적으로 드라마틱한 영화에서보다는 코미디에서 더 적게 보여지는 것도 아니다. 코미디가 터무니없거나 부자연스럽다거나 또는 음악적인 경우에도, 해피엔드의 기법이 코미디에서 재미있고 가볍게 다루어지고 경쾌하게 부정될 수도 있도록, 코미디는 언제나 현실(아니면 적어도 할리우드의 현실주의적인 관례들)과 꽤 충분한 거리를 유지하고 있다. 신기하게도 훌륭한 미국 코미디들은, 기술 방법이 가질 수 있는 걱정스러운 듯한 모든 것들을 가지고, 실제적으로 열린 결말들을 제안하는 유일한 영화들이다. 최선의 경우에는, 초기 상황으로의 회귀와 관련이 있다. 최악의 경우에는, 상황이 너무도 부조리하기 때문에 어떠한 결말에도 이를 수 없는 것 같은 그런 상황과 관련이 있다.

채플린에서 막스 형제를 거쳐 제리 루이스에 이르기까지, '거짓 결말'은 익살극에 거의 규정되어 있는 모습이다. 즉 줄거리가 해피엔드로 행복하게 해결되는 것처럼 보인 뒤에는, 새로운 끔찍한 돌발 사건이 갑작스럽게 생겨서는 모든 게 다시 시작되어야 함을 암시한다. 코믹 영화 또한 대개 에피소드가 있는 시리즈

(serial)의 구조와 상관이 있다. 우리는 가장 도전적인 만화 영화들——'영화 속 영화의 구조로 된' 아찔한 결말들을 자주 갖추고 있는 특히 텍스 에이버리의 만화 영화들——에서 똑같은 방법들을 찾아볼 수 있다. 이는 조금도 놀라운 사실이 아니다. 텍스 에이버리의 만화 영화가, 익살극이 지배적인 장르가 아닌 뒤로는, 익살극의 모든 수사학을 책임졌기 때문이다. 반면, 디즈니 공장에서 만들어져 나온 대부분의 만화 영화는 가장 생동감 있는 사건의 급변에 강요된 종결인 전통적인 해피엔드를 지닌 찬가들이다.

대화체의 코미디에서는, 루비치가 해피엔드의 이데올로기를 조롱하는 순환 형식의 시나리오의 전문가이다. 예를 들어 《낙원의 분쟁》에서는 도둑 커플이 계속해서 도둑질을 하고, 《삶의 구상》에서는 삼각 관계가 허망한 전제들('섹스 불가!')을 바탕으로 재구성되고 있다. 프레스턴 스터지스는 같은 방향으로 가고 있다. 이별한 뒤에 다시 결합한 《팜 비치 스토리》의 부부들은 분명 그들의 생이 끝날 때까지 서로 다툴 것이다. 헤이스 법칙 때문에 해피엔드가 그려질 수 없을 때, 해피엔드의 도움으로 가끔 생략이 일어난다. 《놀라운 진실》의 결말에서는, 부부의 재회가 자명종 시계 속에 들어가는 두 인형을 통해 암시되고 있다. 미국 코미디 중에서 가장 개방적인 결말에 대해 말하자면, 와일더가 《뜨거운 것이 좋아》를 종결짓는 "누구도 완벽하지 못하다!"라는 표현으로 열린 결말을 책임지고 있다.

절망적인 상황을 예기치 않게 해결해 주는 사건의 계승자

해피엔드의 가장 가시적인 표시를 찾아야 하는 곳도 바로 드라마틱한 영화——감동적인 코미디이든 심리극이든 멜로드라마이든 필름 누아르이든, 아니면 서부 영화이든 상관없다——안에서이다. 거기서는 해피엔드가 그리스 연극의 사건 해결의 계승자로 가장 많이 나타나고, 이런 기법은 복잡한 상황들을 해결할 책임이 있는 어느 절세미인을 최후의 순간에 장면 속에 삽입시키는 것이었다(몰리에르가 수많은 작품 속에서 반복하고 있는 방법). 가장 타락한 영화인들의 작품 속에서, 할리우드 구세주는 최종적인 난점들을 삼켜 버리는 하나의 생략에 불과할 수 있다(《북북서로 진로를 돌려라》의 해피엔드 참조). 좀더 전통적으로, 할리우드의 구세주는 주인공들이 그들의 운명을 향해 무사히 갈 수 있도록 병자를 치유하고 죽은 자들을 소생시키며, 특히 나쁜 사람들을 제거하는 어떤 기적의 형태를 취하고 있다.

멜로드라마는 분명 기적적인 결말의 증후와 제일 관련이 있다. 무성 예술의 절대 극치라는 지지를 받고 있는 무르나우의 《일출》은 멜로드라마의 틀을 훨씬 능가하고 있다. 하지만 그 영화의 결말은, 기적과도 같은 여주인공의 마지막 구원으로, 멜로드라마의 법칙을 지키고 있다. 해피엔드는 여기서 분명 영화 속의 영화이다. 매우 용의주도한 해피엔드의 극적인 구조는 인명구조원의 행동을 상기시키는 짤막한 플래시백도 포함하고 있다.

우리가 보재지——무르나우의 문체의 공헌으로 상당히 지목받고 있는 영화인——의 《일곱번째 하늘》[2]에서 기적적인 결말을 볼 수 있는 것은 결코 우연에 의한 것이 아니다. 그 영화에서는 주인공 치코(Ch. 패럴)가 거의 확실시되던 죽음에서 벗어났고, 분명 실명은 하나 그래도 실명을 치유하기로 결심했다. 마지막 자막에는 "그 무엇도 치코를 영원히 맹인으로 살게 할 수는 없다"라는 글귀가 나온다. 반면, 1935년에는 존 스탈이 촬영하고, 1954년에는 더글러스 서크가 촬영한 멜로드라마 《마음의 등불》의 절정에서는, 여주인공이 일련의 길고 긴 비극적인 전개를 종결짓는 기적적인 치유의 대가로 시력을 되찾고 있다.[3] 《이유 없는 반항》처럼 현대적인 특징을 갖고 있는 멜로드라마는 좀더 절세된 해피엔드를 가지고 있다. 플래토(S. 미네오)에게는 죽음을, 짐(J. 딘)에게는 희망을, 그리고 상징적으로 재능을 펼치게 해주는 선생 역할을 하고 있는 니콜라스 레이에게는 희망을 주고 있다.

시사하는 바가 많은 코미디는 멜로드라마의 서술적인 구조를 자기 것으로 삼고 있으므로, 예기치 않게 나타나 상황을 해결해

---

[2] 이 두 영화의 공통점은 아주 많다. 《일곱번째 하늘》은 《일출》과 거의 동시에 촬영되었기 때문이다. 이 두 영화에서 연기를 한 자넷 게이너는 무르나우의 작품과 보재지의 작품(《일곱번째 하늘》《거리의 천사》)에서 연기를 인정받아 아카데미 여우주연상을 받았다. H. 뒤몽, 《프랭크 보재지》, 시네마테크 프랑세즈, 1993 참조.

[3] 할리우드 멜로드라마와 특히 서크에 대해서는, 장 루 부르제(1985)와 《서크》, '시네그라피크' 총서, Edilig, 1984 참조.

주는 사건이 카프라의 작품 속에서 그럴듯하지 않은 결말들을 보여 주는 것은 놀랍지 않다. 수호천사 클래런스는 《멋진 인생》의 끝부분에서 조지 베일리의 모든 문제들을 해결해 주고 있다. 그러나 영화가 플래시백 형식으로 이야기되고 있기 때문에, 그 결말이 고전 멜로드라마에서보다 덜 인위적인 것처럼 보이고 있음을 주목해야 한다. 악인들의 뉘우침은 좀더 현실적인 기적이지만, 카프라는 필요 이상의 설명은 제거하는 걸 좋아한다. 예를 들어 《당신은 그걸 가질 수 없어요》에서는, 돈벌이에 악착을 떠는 한 은행가가 다시 인간적이고 아량이 넓은 사람이 되는 데에는 하모니카 연주만으로도 충분하다.

누군가의 불행은 다른 누군가의 행복을 만들어 준다

물론 '벌받는 악인'——무엇보다도 디즈니가 만든 요정 이야기에 나오는——의 전통적인 모습은 콩트 구조를 갖춘 할리우드 영화의 공통점에서 비롯되고 있다. 제작 법칙이 전성기를 누리던 시기에는 최종적인 벌 또한, 시나리오가 여러 번의 비열함을 전개한 뒤에야, 검열관이 요구한 엄격한 도덕성을 최후의 순간에 재확립시키는 하나의 수단이었다. 주인공들은 흔히 자신의 적들이 파멸하는 대가로 행복을 얻고 있다. 문제의 적이 완전히 부정적인 인물은 아니었다고 밝혀졌을 때, 그리고 그 적이 인간성을 갖추고 있었다고 밝혀졌을 때 도덕성은 그만큼 더 온전했다. 또한 마지막에 보여진 많은 죽음은 **속죄** 형식을 취하고 있고, 이는 할리우드식 흑백 논리의 단순한 규칙들을 최종적으로 뒤집어 놓고 있다.

마약의 지배를 받고 절대적인 것에 몰두하고 있는 《드래곤위크》의 주인은 마을의 젊은 의사가 매우 잘 표현하고 있는 평범하고 평균 수준의 인간성에 끼지 못한다. 그의 벌은 죽음이다. 《레베카》에서는 소름끼치는 댄버 부인이 화재로 죽는데, 이는 전 여주인에 대한 충성의 대가이다. 《로라》에서는 왈도 리데커가 로라에게 사랑 고백을 하며 죽는다. 1955년 영화 《황금팔을 가진 사나이》에서는 해피엔드가 더 가혹하다. 시나트라의 장애인 아내는 남편을 너무 사랑한 나머지 죽었고, 시나트라/노박 커플은 자유롭기는 하지만 고통으로 얼룩져 있었다.

4. 프리츠 랑과 해피엔드 문제

결말 부분에서: 제작자에 맞서는 영화인

해피엔드가 음모를 꾸미고 흥미를 가장 많이 유발시키는 경우는 분명 해피엔드가 가장 도전적일 때이다. 프리츠 랑의 몇몇 미국 영화는 이런 관점에서 볼 때 아주 색다른 모습의 수사를 제공하고 있다. 앞에서 인용된 글 이외에도, 우리는 랑의 대담과 성명을 통해 그가 분명히 결말 문제로 고민했었음을 확인할 수 있다. 거기서는 영화의 결말을 영화인의 자유에 가해지는 제한으로 확인할 수 있다. 랑은 스튜디오들의 절대적인 시스템이 힘들었음을 결코 숨기지 않았다. "당신이 미국의 대형 스튜디오와 계약을 한 상태라면, 당신의 행동은 결코 자유롭지 못할 겁니다."(P. 보그다노비치, 1990, p.22) 이런 반감은 대개 결말 부분에서 구체적으로 나타나는 것 같다.

자신의 첫 미국 영화인《분노》때부터, 그는 제작자 J. 맨케비츠가 강요한 스펜서 트레이시와 실비아 시드니의 마지막 키스에 이의를 제기하고 있다. 조가 복수를 포기했을 거라는 경우의 해피엔드는 사실 랑이 아양 떠는 것으로 규정한 이런 결론이 없이도 충분히 분명했다.《진홍의 거리》(J. 르누아르의《암캐》를 리메이크)에서는 에드워드 G. 로빈슨이 맡은 인물을 살려두라고 ──르누아르의 작품 속에 나오는 미셸 시몽이 맡은 등장인물처럼──검열관과 다투었다.《망토와 비수》는 게리 쿠퍼의 목소리를 통해 랑이 핵무기에 대한 자신의 관점을 표현했던 긴 신으로 종결되었다. 그러나 워너사는 영화인에 대한 보잘것없는 이유를 들어 모든 것을 제거했다. 마지막으로《문플리트》는 두 개의 결말을 촬영했었고, 제작자는 랑이 원하지 않는 결말은 결코 사용하지 않겠다는 약속을 한 뒤 그가 원하지 않는 결말을 그냥 두기로 결정했다.

행복의 상대성

하지만 랑이 원칙적으로는 해피엔드를 거부하지 않음을, 특히 독일에서 촬영했었던 침울한 영화들을 생각해 거부하지 않음을 주목할 필요가 있다. 그는 대중이 비극적인 결말보다는 해피엔드에 더 만족해 한다는 것을 인정하고 있으며, 그렇기 때문에 이를 고려하고 있다. 그는 이야기의 내적인 논리를 따르고 싶어하며, 필요불가결할 것 같은 해피엔드의 부재를 유감스럽게 생각할 수도 있다. 그는 《온당한 의심 이상의》에서 영화 전반적으로 호의적인 모습을 보이는 데이나 앤드루스가 맡은 인물이 결국은 살인자로 밝혀지는 것을 애석하게 생각했다. 이는 많은 미국인 토박이들보다 할리우드 관습을 좀더 섬세하게 분석하는 랑이 해피엔드의 상대성에 민감하기 때문이다. 랑이 유머 있게 보여 주고 있듯이, 해피엔드는 단지 좀더 큰 불행이 일어날 가능성과 비교했을 때에만 매우 적합하다.(P. 보그다노비치, 1990, p.121)

필름 누아르를 위한 장밋빛 결말

물론 영화의 결말로 제시되는 문제들에 대한 예외적인 의식은 랑의 몇몇 미국 영화들이 갖추고 있는 해피엔드들을 더 많이 파악할 수 있게 해주고 있다.

랑의 미국 영화들은 냉담한 기계들(mécaniques glacées)이고, 거기서는 비인간적인 등장인물들이 대단히 양식화된 행위에 따라 처신했다고 우리는 흔히 생각했다. 실제로도 이야기가 악몽의 논리를 따르고 있는 시나리오들이 상당히 많다. 예를 들면 《분노》《창가의 여인》《공포의 사제》《진홍의 거리》《*House by the River*》《블루 가드니아》《인간의 욕망》《도시가 잠든 동안》

《온당한 의심 이상의》가 있다. 시나리오의 개요는 거의 언제나 동일하다. 등장인물을 가장 명백한 자신의 이득에 맞서 처신하도록 부추기는 일련의 재앙들——사소한 사건——이 정상적으로 표준화되어 나오고 있다. 주인공을 유리잔의 안쪽에 부딪히고 있는 갇힌 파리와 비슷하게 만드는 밀폐된 환경 속에서 모든 것(연출·배경·조명)이 나오고 있다.

미국 사회를 자주 비난하고 있는 상당히 어두운 세계에서는, 종결 부분이 강력한 일시적인 생략이나 조명의 변화, 특별한 음악 체제(음악은 클라이맥스의 격렬함을 강조한 뒤에 다시 부드럽고 평화로워진다)를 통해 전체와 자주 분리된다면, 색다른 해피엔드는 그 어느 때보다도 **이야기에 덧붙여진 하나의 기관으로**, 전체로부터 거의 분리시킬 수 있는 일종의 '종결 부분'으로 확인되고 있다.

이 도전적인 '피날레'는 영화인이 경우에 따라 작품에 대한 제도를 수용하거나 혹은 거절한다는 것을 보증해 주는 도장인 것 같다. 우리는 랑이 《분노》의 마지막 키스를 거부했지만 영화의 해피엔드를 거부한 건 아님을 이미 보았다. 조(S. 트레이시)는 자신을 집단 폭행했던 무리를 비난하는 것을 포기하고 있다. 비록 그가 정의에 대한 자신의 믿음이 깨졌음을 부르짖고 있기는 하지만, 그의 이성과 인간성은 그 이상으로 회복하고 있다. 《창가의 여인》에서는, 도전은 랑이 담당했다. 즉 그는 '거의 새로운 것처럼 보이는 아주 오래된 술수를 이용하면서'(에블, 1988, p.153) 결말을 바꾸었다. 리처드(에드워드 G. 로빈슨)가 체험한 고통스러운 모험은 사실 하나의 꿈에 불과했다. 필연적인 귀결은 랑이 비난받기를 원했을 것 같지만, 그러나 랑은 '비관론적인' 이런 결론을, '바꿀 수 없는 운명으로 인해 야기된 비극을 쓸데없이…… 대중이 거부할 것 같은 쓸모없는 슬픔을'(에블, 1988, p.153) 거절했었다.

《블루 가드니아》에서, 노라(A. 백스터)는 남자에 대한 구체적인 기억을 갖고 있지 않은 상태에서 한 남자를 죽였다고 확신하고 있다(여기서 악몽의 구조는 문자 그대로 이해해야 한다). 예기치 않게 나타나 절망적인 상황을 해결해 주는 사건은 젊은 여인의 무죄를 입증해 주는 마지막 순간의 발견이며, 기자 캐시(R. 콘트)에 대한 사랑을 가능하게 만들어 주고 있다.

《빅 히트》는 덕망 있는 경찰관(G. 포드)이 아내의 죽음을 복수하기 위해 정의의 수호자로 변모되고 있는 아주 우울한 영화이다. 장르의 법칙에 따르면, 모든 사람은 죽거나 아니면 결국엔 거의 죽어간다. 그러나 해피엔드 형식의 에필로그는 우리에게 그 경찰관이 자신의 지위를 만족스럽게 회복시키고 있음을 보여 준다.

그러나 결말에 관해서는 필름 누아르에 체계적인 '정책'이 없음을 유의하자. 장르의 모델 중에서는, 과감하게 비극적인 결말들(《아스팔트 정글》), 상당히 표면적인 해피엔드들(《야간통행자》), 그리고 좀더 신중한 다른 결말들을 D. 앤드루스/G. 티어니 커플의 결합을 결말도 없이 보여 주기로 약속하고 있는 《길이 끝나는 곳》의 결말처럼 발견할 수 있다.

마지막으로, 《도시가 잠든 동안》의 해피엔드는 《창가의 여인》의 해피엔드만큼이나 전혀 예상치 못한 것이었다. 합세한 기자들에게는 부도덕한 출세제일주의자들에 맞서, 즉 상황의 갑작스런 돌변에 직면해 일을 할 수 있게 해주는 희망이 전혀 없다. 플로리다에서 신혼여행중인 모블리(D. 앤드루스)는 지역 신문을 통해 자신이 신문사에서 승진되어 복직되었음을 알게 된다······.

이런 행복한 결말들에서 랑이 할리우드의 도덕적인 낙관론을 공유하고 있었다고 결론지어야만 하는가? 물론 그렇지 않다. 랑이 보여 준 모든 입장 표명과 그의 영화 자체가 그 반대를 보여 주는 증거이다. 극악한 범죄 영화들에서 말뿐인 장밋빛 결말의 가장 큰 이득은 바로 해피엔드가 할리우드에서 어느 정도나 관념적인 선택인지를 보여 주는 데 있다. 즉 이는 영화 속의 영화이며, 하나의 자율적인 요소이다. 그 작품은 한편으론 근본적인 특성들을 가장 강력하게 재확인하면서 동시에 저자들에게서 멀리 벗어나 있다——결국 할리우드 영화는 대중의 것이라는 증거이다.

결 론

 한편으론 지나치게 많은 사건들을, 너무 많은 이름들을, 지나치게 많은 영화들을 모호한 상태로 내버려 두었던 것을 후회하지 않는다면, 다른 한편으론 완전한 원을 이루었다고, 즉 도입 부분부터 불가능하다고 예고했던 위업을 달성했다는 환상을 가지고 있다면, 즉 할리우드 고전 시대를 시대의 한계를 되돌아본 완전한 공 모양 전체로 이해하고 있다는 환상을 가지고 있다면, 이 연구 자체는 운이 좋게도 해피엔드로 결론지을 수 있을 것이다. 그러나 그렇지 못한 경우이다. 스튜디오 시대를 '역사적'이거나 또는 '고전적'이라고 검인해 주는 현상이 시대마다의 견고한 경계를 구축하지는 못한다. 그것은 안정된 역사적인 기반부터 심사숙고함으로써 미국 영화가 왜 주된 모델로, 사람들이 인정하는 규범으로 남게 되었는지를, 그리고 **특히** 언제 사람들이 그 규범을 거부하는지를 보여 주는 하나의 편의에 불과할 뿐이다. 유럽의 현대 영화나 미국의 현대 영화는 또한 규범을 어기면서 확고하게 만들었던 이런 결정적인 규범의 반동으로 구성되었다.

 그러나 고전 시대의 연구는 무엇보다도 **오늘날**의 미국 영화가 어떻게 되었는지를, 그리고 무슨 이유에서 미국 영화가 현대를 아직도 지배하고 있는지를 이해시켜 줄 수 있다. 이런 상황의 원인들은 대부분 스튜디오 시대에서 기인한다. 이는 미학적인 선택을 바탕으로 한 절대적인 경제적 필요성의 영향으로, 계속되는 다양한 측면의 영향이다. 현실——사회적·지리적·문화적——전체를 잠재적 주제가 들어 있는 거대한 색인으로 간주하는 것은 바로 할리우드 영화가 지니고 있던 능력이다. 그리고 그러한 현실 속에서는 영화가 검열을 통해서만 구속을 받았다. 오늘날 되찾은 문체의 자유는 가능성의 영역을 확대시켜 줄 뿐이다(이것이 예전처럼 무절제를 야기한다면 더 좋을 수도, 낭패일 수도 있다). 그것은 마지막으로 특히 어떠한 문화적인 콤플렉스도 없이 엔터테인먼트(용어의 파스칼적인 의미로 이해해야 하는 '기분전환')가 지니는, 그리고 그렇게 함으로써 항상 관객에게 부여되었던 입장이다. 할리우드 수사학이 여기서 검토한 수사 중 어떠한 수사를 거치는가는 중요하지 않으며, 할리우드 수사학은 외부와의 접촉을 끊은 영화 속에서는 절대 작동하지 않는다. 할리우드의 수사학은 기본 데이터처럼 관객의 시선과 심리, 시공간에 대한 관객의 의미, 민첩한 관객의 반응, 허구를 객관적으로 바라보거나 또는 그 반대로 허구와의 거리를 최소한으로 줄일 수 있는 관객의 능력을 통합하고 있다.

이미 살펴보았듯이, 수사의 전개가 부분적으로는 할리우드 시스템의 요구 사항에 따라 좌우되었다는 의미에서, 화제가 되고 있는 수사가 조금도 다듬어지지 않았다는 것이 문제이다——그래도 가장 재능 있는 수사학자들은, 루비치에서 맨케비츠와 랑을 거쳐 히치콕에 이르기까지, 할리우드가 발산했던 엄격한 도덕성과 시스템에 맞서 약간은 아이러니컬한 간격을, 게다가 추잡스럽기까지 한 간격을 항상 공공연히 표방했다. 할리우드 조직이 잃었던 것은, 조직의 경제력(할리우드 조직은 다른 형태로 또 다른 경제력을 되찾았다)이 아니라 권위적인 구조이다. 그 구조는 인간이 만든 예술 작업에 대해서 만큼이나 인간에게 매력적이며, 보호를 가장해 통제하고 있다. 그러므로 설득하고 기쁨을 주는 예술은 항상 몇십 년의 경험을 통해 세련되게 다듬어졌고, 예전보다는 훨씬 많은 재정적인 능력과 기술을 통해 부각되었다. 할리우드 영화가 재산을 물려받은 고아가 부모를 되찾으리라는 희망에 생각 없이 그 재산을 소비할 것 같다는 점은 제외하고 말이다.

이런 연구는 여러 형태를 취하고 있지만, 고전적인 표현 방법에 대한 입장을 거치고 있다. 즉 고전적인 표현 방법을 피하려면 그것에 맞서야 한다. 플래시백·서스펜스·해피엔드라는 권모술수적인 순진함에 대처해야 하고, 한편으로는 이제는 그 누구도 잘 속지 않는다는 것을 보여 주기 위해 그러한 표지들을 뒤죽박죽으로 만들어야 한다——영화인에게도 그리고 대중에게도 효과 측면에서 '더 이상은 권모술수적인 순진함을 만들어 주지 않는다.' 오직 스튜디오들의 방법 안에서만 존재 이유를 찾았던 퇴색한 장르들에게 다시 색깔을 주어야 한다. 그러나 《배트맨》에서 《용서받지 못한 자》까지는, 신화를 심사숙고하면서도 검토하지 않는 판타지 영화나 서부 영화가 보이지 않는다. 반면 비디오 작품과 텔레비전에서는 옛날 장르 영화와 가장 그럴듯하게 비슷한 것을 찾아야 한다. 마지막으로, 예전처럼 관객을 지속적으로 고조시키는 법칙을 따라야 하는데, 그 법칙이 오늘날에는 좀더 적은 예산을 들이는 영화의 규칙적인 제작을 과거처럼 상쇄하지 못하는 하나의 도피가 되어 버렸다.[1]

어떤 표지는 그럼에도 불구하고 속이지 않는다. 1980년대 이후 미국 영화에 침투한 것은 바로 **향수**(nostalgie)이고, 우리는 향수에 도움이 되는 영화업계의 변함없는 '버릇들'을 찾아볼 수 있다. 즉 이미 활용된 문학 작품들의 각색, 옛 영화들(그리고 지금은 텔레비전 시리즈물)의 리메이크, 그리고 시대와 장르, 기술과 영화 자체에서 모든 분야에 걸친 인용이 있음을 목격하고 있다. 현 감독들이 메이저들과 밀접한 관련을 맺고 있든 독립적이든간에, 과거는 대부분의 현 감독들에게 하나의 보편적인 기준이 되고 있다. 이런 관계가 어떤 감독들에게는 정중한 경의의 성격을 띠고, 어떤 감독들에게는 해결책의 성격을 띤다. 그러나 어떠한 감독도 그런 관계를 모르고 있을 수는 없다. 좋았던 옛날처럼, 사라져 버린 할리우드라는 세상에서 변주 기술을 가장 훌륭하게 실행하는 사람은 바로 가장 길들여지지 않은 영화인들이며, 가장 우상파괴론적인 영화인들이다. 코폴라는 스튜디오에서 《드라큘라》를 촬영했고, 우디 앨런은 《맨해튼 미스터리》 속에서 《상하이에서 온 여인》을 재연했으며, 드 팔마는 《칼

---

1) 그러나 스필버그는 유원지의 오락거리와 한 시대를 총체적으로 묘사한 시대극을 교대로 번갈아 만들고 있으므로, 할리우드의 전성 시대 라인에 분명 들어 있지 않다——그래서 1994년에 자신의 스튜디오인 드림웍스 S.K.G.를 만들었는가? 할리우드의 현실은 오늘날 숨기려고 애쓸 필요가 없이 복잡하다.

리토》에서 필름 누아르의 무의식 세계를 찾고 있다. 코엔 형제는 《허드서커 대리인》에서 카프라를 재해석했으며, 불손한 《펄프 픽션》조차 《죽도록 키스를》을 인용하고 있다. 고전 할리우드 영화는 과오를 범했던 부분 때문에 벌을 받고 있다. 다시 말해 세상 전체는 놀랄 만한 스토리들을 이야기할 수 있는 핑계였을 뿐이라고 간주한 뒤에, 고전 할리우드 영화는 자신보다 좀더 젊고 좀더 힘있는 허구를 만들어 내는 기계에게 덜미를 잡혔으며, 이제는 레퍼토리의 한 요소에 불과할 뿐이다.

참고 문헌

1. 기본적인 몇몇 문헌
역사적 · 비평적 · 미학적 · 사회적 · 경제적인 관점에서 할리우드 시네마에 접근하기 위해 참고한 문헌들.

• 사 전

Michel CIMENT et Jean-Loup PASSEK(dirigé par), *Dictionnaire du cinéma américain*, Références, Larousse, 1988(2 vol. extraits pour l'essentiel du *Dictionnaire du cinéma*, voir ci-dessous).

Leonard MALTIN, *Movie and Video Guide*, Signet(annuaire des films, complété et réédité chaque année).

Bertrand TAVERNIER et Jean-Pierre COURSODON, *Cinquante ans de cinéma américain*, Nathan, 1991(2 vol.).

• 단행본

Anne-Marie BIDAUD, *Hollywood et le rêve américain-Cinéma et idéologie aux États-Unis*, Masson, 1994.

D. BORDWELL, J. STAIGER, K. THOMPSON, *The Classical Hollywood Cinema, Film Style & Mode of Production to 1960*, Columbia University Press, Routledge & Kegan Paul, New York, 1985.

C. M. BOSSÉNO, Jacques GERSTENKORN, *Hollywood, l'usine à rêves*, Découvertes, Gallimard, 1992.

Jean-Loup BOURGET, *Le Cinéma américain 1895-1980*, PUF, 1983.

J. COLLET, M. MARIE, D. PERCHERON, J.-P. SIMON, M. VERNET, *Lectures du film*, Albatros, 1980.

Livre-lexique, dans lequel on peut se reporter notamment aux articles 'Comédie musicale,' 'Flash-back,' 'Gag,' 'Genre,' 'Personnage,' 'Policier.'

Brigitte GAUTHIER, *Histoire du cinéma américain*, Les fondamentaux, Hachette, 1995.

• 잡 지

Alain MASSON(dirigé par), *Hollywood 1927-1941, la propagande par les rêves ou le triomphe du modèle américain*, Éd. Autrement, série Mémoires n° 9, 1991.

2. 그외의 문헌들

• 사 전

Jean-Loup PASSEK(dirigé par), *Dictionnaire du cinéma*, Larousse. Régulièrement mis à jour et réédité.

Bernard RAPP et Jean-Claude LAMY(dirigé par), *Dictionnaire des Films*, Larousse, 1991.

• 영화의 수사와 표현법에 관해서

- 문학의 수사에 관해서

Gérard GENETTE, 〈Discours du récit〉, in *Figures III*, Le Seuil, 1972 참조.

- 이미지의 표현법과 영화의 수사에 관해서

Roland BARTHES, 〈Rhétorique de l'image〉, dans *L'Obvie et l'Obtus*, coll. Points, Le Seuil, 1982.

André BAZIN, *Qu'est-ce que le cinéma?*, Cerf, 1975, rééd. 1985.

Gilles DELEUZE, *Cinéma 1 et 2(L'Image-mouvement et L'Image-temps)*, Éd. de Minuit, 1983 et 1985.

André GAUDREAULT, François JOST, *Cinéma et Récit, II: Le Récit cinématographique*, Nathan, 1990.

Jacques GERSTENKORN(dirigé par), *Vertigo*, n° 6/7, 〈Rhétoriques de cinéma〉.

Pierre JENN, *Techniques du scénario*, FEMIS, 1991.

Marcel MARTIN, *Le Langage cinématographique*, Cerf, 1955; éd. remaniée 1962, nombreuses rééd. depuis.

Christian METZ, *Le Signifiant imaginaire*, 1re éd. 1977, rééd. Christian Bourgois, 1993.

Francis VANOYE, *Cinéma et Récit, I: Récit écrit, récit filmique*, 1ʳᵉ éd. 1979, rééd. Nathan, 1989.

Marc VERNET, *Figures de l'absence*, Cahiers du Cinéma, Éditions de l'Étoile, 1988.

• 할리우드: 역사 · 스타일 · 제작 방식에 관해서

Raymond BELLOUR(dirigé par), *Le Cinéma américain-Analyses de films*, Flammarion, 1980(2 vol.).

Michel BOUJUT(dirigé par), 〈Europe Hollywood & retour〉, *Autrement* n° 79, avril 1986.

Jean-Loup BOURGET, *Hollywood, années trente, du krach à Pearl Harbour*, Hatier, 1986.

Noël BURCH(présenté par), *Revoir Hollywood-La nouvelle critique anglo-américaine*, Nathan, 1993.

Douglas GOMERY, *L'Âge d'or des studios*, Cahiers du Cinéma, 1987.

D. GOMERY, R. C. ALLEN, *Faire l'histoire du cinéma-Les modèles américains*, Nathan, 1993.

Paul KERR(dirigé par), *The Hollywood Film Industry*, Routledge & Kegan Paul-London & New York, 1986.

N. ROBATEL, C. TEMERSON, R. WARBURTON, *Hollywood, petite histoire d'un grand empire*, Eshel, 1990.

Daniel ROYOT, *Hollywood*, PUF, 1992.

David O. SELZNICK, *Cinéma-Mémos*, Ramsay Poche Cinéma, n° 2.

• 미국 영화인들에 관해서

이 책에서 언급되고 있는 영화인들에 대한 전 논문을 열거하는 것은 불가능하다. 아래에서 말하고 있는 제목들 외에는, 다음의 것들을 참고할 수 있다.

- aux volumes parus de *L'Anthologie du cinéma*, Éd. de l'Avant-scène;
- à la collection 〈Rivages/Cinéma〉 dans son ensemble(notamment *Capra, Lang, Welles, Wilder*);
- aux collections 〈Cinégraphiques〉 et 〈Filmo〉 chez Edilig;
- à de nombreux titres de la collection 〈Ramsay Poche Cinéma〉, no-

tamment les mémoires et témoignages de cinéastes, comme ceux de Capra (*Hollywood Story*, n° 1), de Vincente Minnelli(*Tous en scène*, n° 3) de King Vidor(*La Grande Parade*, n° 21);

- aux numéros ⟨hors série⟩ des *Cahiers du Cinéma*(*Hitchcock*, 1980; *Lubitsch*, 1985; *Welles*, 1986; *Ford*, 1990).

마지막으로, 모든 특별호들(《포지티프》《카이에 뒤 시네마》《시네마》《영화 잡지》《영화 월간지》)은 미국 영화의 상황――또는 몇몇 측면――에 초점을 맞춰 자료-저자들에 대해 정기적으로 발간했다.

물론 영어로 된 참고 문헌은 더 많다. 그러나 Tantivy/Barnes에서 소형 책자로 출판한 두 시리즈를 살펴보면, 하나는 1권당 두세 명의 영화인들을 소개하고 있는 *The Hollywood Professionnals*이고, 다른 하나는 *Early American Cinema, Hollywood in the twenties, in the thirties, in the forties*, etc.로, 10년마다 작품을 집대성하고 있다.

• 각 장의 참고 문헌

- 시네마토그래픽 장르

R. BORDE, E. CHAUMETON, *Panorama du film noir américain*, 1ᵉ éd. 1955, rééd. Flammarion, 1988.

Stuart M. KAMINSKY, *American Film Genres, Approaches to a Critical Theory of Popular Film*, Laurel, New York, 1977.

Gérard LENNE, *Le Cinéma fantastique et ses mythologies*, 1ᵉ éd. 1970, rééd. Henri Veyrier, 1985.

Jean-Louis LEUTRAT, Suzanne LIANDRAT-GUIGUES, *Les Cartes de l'Ouest, un genre cinématographique, le western*, Armand Colin, 1990.

J. MAUDUY, G. HENRIET, *Géographies du Western*, Nathan, 1989.

또한 화려한 도상 외에도 Patrick Brion의 앨범들 속에서 아래 저서들에 대한 구체적이고 풍부한 정보를 찾을 수 있다.

Tex Avery, Le Chêne, 1984;

Le Film noir, Nathan, 1991;

Le Western, La Martinière, 1992;

La Comédie musicale, La Martinière, 1993;

Le Cinéma fantastique, La Martinière, 1994.

뮤지컬 영화에 관해서는 제8장 참고 문헌 참조.

- 개그와 코믹 영화

James AGEE, 〈La grande époque du burlesque〉, in *Sur le cinéma*, Éd. de l'Étoile/Cahiers du cinéma, 1991.

Henri BERGSON, *Le Rire*, 1re éd. 1940, rééd. PUF, 1988.

Jean-Pierre COURSODON, *Buster Keaton*, Atlas-Lherminier, 1986.

Sigmund FREUD, *Le Mot d'esprit et sa relation à l'inconscient*, 1re éd. 1940, rééd. Gallimard, 1988.

Petr KRÀL, *Le Burlesque, ou Morale de la tarte à la crème*, Stock, 1981.

Jean-Louis LEUTRAT, *Kaléidoscopes-Analyses de films*, Presses Universitaires de Lyon, 1988(Voir notamment l'analyse de *The Ladies' Man* et *Smorgärsbord*).

François MARS, 〈Autopsie du gag〉, in *Cahiers du cinéma* n° 113, et *Le Gag*, Cerf, 1964.

Joseph MCBRIDE, *Hawks par Hawks*, Ramsay, 1987.

Alfred NYSENHOLC, *L'Âge d'or du comique-Sémiologie de Charlot*, Université de Bruxelles, 1979.

Jean-Paul SIMON, *Le Filmique et le Comique*, Albatros, 1979.

제리 루이스에 관해서는, *Cahiers du cinéma* n° 132, 160, 197 참조.

- 생략 — 루비치

N. T. BINH et Ch. VIVIANI, *Lubitsch*, Rivages, 1991.

Jean-Loup BOURGET, *Lubitsch ou la satire romanesque*, 1re éd. 1987, rééd. Flammarion, 1990.

Philippe DURAND, *Cinéma et montage: un art de l'ellipse*, Le Cerf, 1993.

Claude-Edmonde MAGNY, *L'Âge du roman américain*, Le Seuil, 1948 (chapitre III).

Jacqueline NACACHE, *Lubitsch*, Edilig, 1987.

Paul VERSTRATEN, 〈L'Ellipse, catalyseur au cinéma〉, in *Ellipses, blancs, silences*, Actes du colloque de Cicada, décembre 1990, Université de Pau.

- 배우

Edgar MORIN, *Les Stars*, 1re éd. 1957, rééd. Le Seuil, 1985.

- 서스펜스 — 히치콕

⟨Le Suspense au cinéma⟩, CinémAction n° 71, 2ᵉ trimestre 1994.

⟨Le Suspense hitchcockien⟩, in Pascal BONITZER, *Le Champ aveugle*, Cahiers du cinéma/Gallimard, 1982.

François TRUFFAUT, *Le Cinéma selon Hitchcock*, 1ʳᵉ éd. 1966, éd. définitive *Hitchcock-Truffaut*, Ramsay, 1983.

Roland BARTHES, ⟨Introduction à l'analyse structurale des récits⟩, *Commmunication* n° 8, Points, Le Seuil, 1981.

- 플래시백 — 맨케비츠

N. T. BINH, *Mankiewicz*, Rivages, 1987.

Michel CIMENT, *Passeport pour Hollywood*, Ramsay Poche Cinéma, n° 108.

Pascal MÉRIGEAU, *Mankiewicz*, Denoël, 1993.

맨케비츠에 관해서는, *Cinéma 81*, n° 270 et 271-272 참조.

Cinématographe. Le Flash-back, n° 97, février 1984.

Maureen TURIM, *Flash-backs in Film. Memory and History*, New York, London, Routledge, 1989.

- 할리우드의 작가들

Olivier COMTE, ⟨Trois romanciers U. S. à Hollywood, Le cinéma américain et la littérature⟩, in *Cinéma 70*, n° 148.

Tom DARDIS, *Some Time in the Sun*, Limelight, New York, 1988.

Anthony HEILBUT, *Exiled in Paradise*, Viking, New York, 1983.

- 영화 음악과 뮤지컬 영화

Rick ALTMAN, *La Comédie musicale hollywoodienne*, Armand Colin, 1992.

Alain LACOMBE et Claude ROCLE, *La Musique du film*, Éd. Francis Van de Velde, 1979.

Alain LACOMBE et Claude ROCLE, *De Broadway à Hollywood, L'Amérique et sa comédie musicale*, numéro hors-série de *Cinéma 80*.

Alain MASSON, *La Comédie musicale*, Stock, 1981.

- '해피엔드' — 프리츠 랑

Jean-Loup BOURGET, *Le Mélodrame hollywoodien*, Stock, 1985.

Fritz Lang-Trois Lumières, textes réunis et présentés par Alfred Eibel, Flammarion, 1988.

Fritz Lang en Amérique-Entretien par Peter Bogdanovich, Éditions de l'Étoile/Cahiers du Cinéma, 1990.

Georges STURM, *Fritz Lang-Films/Textes/Références*, Presses Universitaires de Nancy, 1990.

역자 후기

 관객은 영화관의 조명이 꺼지고 다시 켜질 때까지 두 시간여 동안 스크린에 투영된 영화의 줄거리에 취해 주인공이 처하는 상황을 함께 가슴 아파하고 즐거워하며, 때로는 주인공이 아니라는 사실에 안도하면서 영화를 즐긴다.

 자유롭게 움직일 수 없는 제프가 창문을 통해 마주 보이는 건물의 거주자들의 행동을 구경하다가 발견한 살인 사건의 현장을 애인인 리사를 통해 확인하는 과정(스플리트 스크린을 이용, 오른쪽은 무단침입해 수색하고 있는 리사의 모습, 왼쪽은 계단을 올라 문 앞에 당도하는 남자의 모습이 보인다)에서, 살인자라고 혐의를 받고 있는 남자가 목격자가 있었음을 깨닫고 제프의 아파트로 건너와 제프를 해치려는 장면(클로즈업과 쇼트의 길이, 음향, 속도감 있는 편집)에서, 관객은 화면 밖에 위치하고 있으면서도 마치 아무것도 할 수 없는 영화 속의 주인공 제프인 양 위기감을 느끼며 숨죽인다(《이창》).

 관객은 실제 일어난 사건의 시간과 상영되는 스크린 시간이 거의 일치하며, 현재의 시점에서만 전개되는 영화 이야기를 만나기도 하고(《로프》), 과거를 들려 주는 플래시백으로 이루어진 하나의 긴 시퀀스로만 만들어진 영화를 만나기도 한다(《선셋 대로》).

 관객은 영화 초반에 플래시백을 이용한 등장인물의 이야기가 끝에 가서야 지어낸 이야기였음이 확인될 때 실소를 하기도 하고(《무대공포증》), 기억을 환기하는 등장인물의 얼굴과 과거의 이야기를 담은 플래시백이 겹치는 데에서 한 인간의 진실을 확인하기도 한다(《지난 여름 갑자기》). 마치 플래시백이 인간의 무의식 세계에 접근하는 직접적인 통로인 듯 착각하면서.

현실은 흑백으로, 꿈은 컬러로 처리한 수사에 당시의 관객은 현실감 있다고 받아들였으나(《오즈의 마법사》), 매일 영상물을 접하는 오늘날의 관객들은 《쉰들러 리스트》처럼 어쩌다 흑백 영화를 보면, 그 영화가 컬러 영화보다 더욱 사실적이고 진지하게 묘사되었다는 느낌을 받는 것 같다.

지금의 영화는 대부분 두 시간여 동안 진행된다. 그러나 뤼미에르 형제가 최초로 공개 상영한 영화 《기차의 도착》《공장에서의 퇴근》은 사실 3분여 정도밖에 되지 않는다. 그것도 실제 사실을 그대로 담은 단순한 기록 필름에 불과하다. 화면 위로 도착하는 기차의 모습에 놀라고 신기해 했던 과거의 관객이 지금은 영화인들의 끊임없는 노력에 힘입어 《쥬라기 공원》《반지의 제왕》처럼 컴퓨터의 과학 기술을 이용한 상상 세계의 영화를 즐기는 현재의 관객으로 발전했다.

이처럼 관객에게 한정된 시간에 선택한 이야기를 화면에 효과적으로 담아내기 위해, 영화인들은 여러 가지 시각적·음악적 효과를 통해 사건의 복잡함과 미묘한 감정 등을 이끌어 내며 부단히 노력하고 있다.

이 책은 영화 산업의 시작이라 할 수 있는 고전 할리우드 영화를 전반적인 수사학적 흐름(개그·생략·스타 등장·플래시백·서스펜스·해피엔드·장르·각색·초대작·음악·뮤지컬 영화 등)을 바탕으로 이해함으로써, 관객이 단순하게 영화를 즐기기보다는 영화의 세계에 좀더 깊이 있게 빠져들기를 바라고 있다.

2004년 4월 최은영

색 인

《The Ladies'Man》 49
《The Family Jewels》 102,182
《The Secret Beyond the Door》 133
《Jailhouse Rock》 167
《E.T.》 23
《1933년의 황금광들 Gold diggers of 1933》 67,165
《2001년 스페이스 오디세이 2001: Space Odyssey》 40,180
《42번가 42nd Street》 67,161,165
《5시에서 7시까지의 클레오 Cléo de 5 à 7》 58
《7년 만의 외출 The Seven Year Itch》 39,55
《7명의 여자 Seven Women》 37
《7인의 사무라이 七人の侍》 150
가드너 Gardner, Ava 90,94,134
《가라, 항해자여 Now, Voyager》 96
가르니에 Garnier, Philippe 143
가르보 Garbo, Greta 96
《각광 행렬 Footlight Parade》 67,165
《객관적인 진술 또는 영화의 지역 L'Énonciation impersonnelle ou le site du film》 117,128
갤런드 Garland, Judy 160

《거리의 천사 L'Ange de la rue》 193
거슈윈 Gershwin, George 163
거스텐콘 Gerstenkorn, Jacques 24,171
《걸스 Girls》 123
게이너 Gaynor, Janet 193
게이블 Gable, Clark 68
《결혼 모임 The Marriage Circle》 150
고다르 Godard, Jean-Luc 42
고드롤트 Gaudreault 50,109,130
《고전 영화에서의 시간 Time in the classical film》 103
《고전 할리우드 시네마 The Classical Hollywood Cinema》 33
골드윈 Goldwyn, Samuel 19,145
《공포의 사제 The Ministry of Fear》 197
《광명 여단의 임무 The charge of the light brigade》 66
《교수형 집행관의 죽음 Hangmen Also Die》 182
《국가의 탄생 The Birth of a Nation》 63,102,142,170
《굿바이 미스터 칩스 Good Bye Mr. Chips》 147

《그들은 밤에 산다 They Live by Night》 176
그랜트 Grant, Cary 37,93
그레인저 Granger, F. 114
그리피스 Griffith, David Wark 17,20,31,48,51,58,62,82,102,129,138,141,170,176,178
그린 Green, Adolf 163
《금지된 과일 Forbidden Fruit》 72
《길모퉁이 가게 The Shop Around the Corner》 53,76,93
《길이 끝나는 곳 Where the Sidewalk Ends》 199
《꺾인 꽃 Broken Blossoms》 63
《꿀단지 The Honey Pot》 148
《나는 남자 종군위안부였다 I was a Male War Bride》 54
《나는 비밀을 안다 The man who knew too much》 106,112,150
《나는 체인갱 출신의 도망자 Je suis un évadé》 66
《나의 계곡은 푸르렀다 How green was my valley》 37
《낙원의 분쟁 Trouble in Paradise》 77,78,191
《남자가 좋아하는 스포츠 Man's favourite sport》 46,54
《내가 만약 백만 달러를 가지고 있다면 If I had a million》 49
《내가 죽인 남자 The man I killed》 75,148
노리스 Norris, Frank 144
노박 Novak, Kim 106,195

《놀라운 진실 The Awful Truth》 191
《누구를 위하여 종을 울리나 For whom the bell tolls》 147
뉴먼 Newman, Paul 83,116,125
《니노치카 Ninotchka》 76,77,96
니블로 Niblo, Fred 171
닐런 Neilan, Marshall 188
《다시 한 번 키스를 Kiss Me Again》 150
《다이얼 M을 돌려라 Dial M for Murder》 67,113
《달과 6펜스 The Moon and Sixpence》 148
《달콤한 사랑 Sweet Charity》 166
《당신은 그걸 가질 수 없어요 You Can't Take It With You》 54,194
대니 Daney, Serge 36
《대부 The Godfather》 29
《대열차 강도 The Great Train Robbery》 102
더글러스 Douglas, Kirk 27,193
더럴 Durrell, Lawrence 147
《더럽혀진 얼굴의 천사 Angels With Dirty Faces》 29
더스 패서스 Dos Passos, John 142
《데드라인 유에스에이 Deadline USA》 103
《데스트리는 다시 말을 탄다 Destry rides again》 37
데이비스 Davis, Bette 97
데이비스 Davis, Miles 157

《데이비드 카퍼필드 David Copperfield》 147
도넌 Donen, Stanley 34,160
《도둑의 고속도로 Thieves' Highway》 27
《도리언 그레이의 초상 The picture of Dorian Gray》 148,187
《도시가 잠든 동안 While the City Sleeps》 197,200
《동향인 The Clansman》 142
뒤 모리에 du Maurier, Daphne 149
뒤비비에 Duvivier, Julien 141
뒤 파스키에 Du Pasquier, S. 47
뒤몽 Dumont, H. 193
드 니로 De Niro, Robert 83
드라이저 Dreiser, Theodore 144
《드라큘라 Dracula, the Untold Story》 204
《드래곤위크 Dragonwick》 195
드밀 De Mille, Cecil Blount 71, 72,175
드완 Dwan, Allan 37
드 팔마 De Palma, Brian 29,204
들뢰즈 Deleuze, Gilles 78
디테를 Dieterle, William 20
디킨스 Dickens, Charles 142
디트리히 Dietrich, Marlene 37,88, 123
딕슨 Dixon, Thomas 142
딘 Dean, James 83,193
《뜨거운 것이 좋아 Some like it Hot》 29,39,55,191

《라쇼몽 羅生門》 118
라스키 Lasky, Jesse 17
라콩브 Lacombe, A. 154
라테스 Lattes, J.-C. 34
라파엘슨 Raphaelson, Samson 78,139
락신 Raksin, David 156
랑 Lang, Fritz 20,73,103,133,188, 195,196,197,198,199,200,202,212
랭던 Langdon, Harry 54
레믈리 Laemmle, Carl 16,17,81
《레베카 Rebecca》 133,148,195
레빈 Lewin, Albert 148
레이 Ray, Nicholas 176,193
《로라 Laura》 28,30,61,95,156,195
로렌스 Lawrence, Florence 81
로빈슨 Robinson, Edward G. 126, 132,196,198
로스탕 Rostand, Maurice 75
로이드 Lloyd, Harold 49,165
《로이 샤이더의 재즈 클럽 All that Jazz》 27
로저스 Rodgers, Richard 160
로저스 Rogers, Roy 163
로지 Losey, Joseph 139
로차 Rozsa, Miklos 156
《로켓 The Locket》 121
로클 Rocle, C. 154
《로프 Rope》 58,112,213
《론데일 통신사 The Lonedale Operator》 102
뢰트라 Leutrat, J.-L. 25,36
루비치 Lubitsch, Ernst 20,32,52,68,

71,72,73,74,75,76,77,78,79,124,127,
132,139,150,160,191,202
루스벨트 Roosevelt, Franklin
　Delano　20,22
루아 Roy, Jean　130,131
루이스 Lewis, Jerry　38,44,46,49,50,
56,122,182,190,210
루카스 Lucas, George　172
루턴 Lewton, Val　35
뤼미에르 형제 frères Lumière　15
르누아르 Renoir, Jean　196
르로이 Le Roy, Mervyn　66
리드 Reid, Wallace　72
《리버티 발란스를 쏜 사나이 The
　Man Who Shot Liberty Valance》
　189
《리오 브라보 Rio Bravo》　28,37,
93
《마니 Marnie》　110,122,157,186
《마음의 등불 Magnificent
　Obsession》　193
마일스톤 Milestone, Lewis　145
막스 Marx, Harpo　38
막스 형제 Marx Brothers　47,50,
51,55,56,190
만 Mann, Anthony　37
《말타의 매 The Maltese Falcon》
　65
《망각의 여로 Spellbound》　122
《망토와 비수 Cloak and Dagger》
　196
매스트 Mast, Gerald　73
매커리 McCarey, Leo　19,43

매튜셰크 Matuschek, M.　53,76
맥머리 MacMurray, Fred　126
《맥티그 McTeague》　144
《맨발의 백작 부인 The Barefoot
　Contessa》　94,134
맨케비츠 Mankiewicz, Joseph L.
37,122,128,129,131,132,138,146,147,
176,196,202,211
《맨해튼 미스터리 Manhattan
　Murder Mistery》　204
먼로 Monroe, Marylin　55
《멋진 교수 The Nutty Professor》
　122,182
《멋진 인생 It's a Wonderful Life》
　54,128,194
메이어 Mayer, Louis B.　188
메츠 Metz, Christian　117,128
멜리에스 Méliès, Georges　102
《모던타임스 Modern times》　49
모랭 Morin, Edgar　44,87
모파상 Maupassant, Guy de　148
몰리에르 Molière　56,192
몽고메리 Montgomery, Robert
83,99
《무대공포증 Stage Fright》　37,112,
123
무르그 Mourgue, Nicole de　28
무르나우 Murnau, Friedrich
　Wilhelm　20,63,103,192,193
《묵시록의 네 기수 The Four
　Horsemen of the Apocalypse》
　171,176
《문플리트 Moonfleet》　196

《물 뿌리는 사람 L'Arroseur Arrosé》 45,109
《미국의 비극 An American Tragedy》 144
《미국인 소방수의 생활 The Life of an American Fireman》 102
미네오 Mineo, Sal 193
미넬리 Minnelli, Vincente 31,34, 39,147,160,176,189
미첼 Mitchell, Margaret 131,143, 144
《미친 파리 Paris when it Sizzles》 141
《밀드레드 피어스 Mildred Pierce》 66,127
밀란드 Milland, R. 113
바그너 Wagner, Wilhelm Richard 153
바누아 Vanoye, F. 63,118,123,135
《바람과 함께 사라지다 Gone with the Wind》 92,144,154,175,177
바이다 Vajda 78
바쟁 Bazin, André 48,63,111
《바톤 핑크 Barton Fink》 142
박스만 Waxman, Franz 153
발렌티노 Valentino, Rudolf 171
《배트맨 Batman》 203
《백경 Moby Dick》 176,181
백스터 Baxter, A. 134,199
《밴드 왜건 The Band Wagon》 28,34,89,161
버먼 Berman, Pandro S. 160
버스트래텐 Verstraten, Paul 123

버코스키 Bukowski 142
버클리 Berkeley, Busby 67,160, 165,167,176
번스타인 Bernstein, Elmer 157
《벙커 힐의 꿈 Reves de Bunker Hill》 143
베로노 Véronneau, Pierre 18
베르네 Vernet, Marc 26,95,112, 116,122,133
베른하르트 Bernhardt, Sarah 17
베를린 Berlin, Irving 73,112,163
베리만 Bergman, Ingmar 103
베이컨 Bacon, Lloyd 165
《베툴리아의 유딧 Judith of Bethulia》 142
《벤허 Ben Hur》 145,171,178
《벨보이 The Bellboy》 46
《벨아미 The Private Affairs of Bel-Ami》 148
보가트 Bogart, Humphrey 19,98
보그다노비치 Bogdanovich, Peter 196,197
보다 Bordat, Francis 101
보드웰 Bordwell, D. 64,65,103, 121,122
보들레르 Baudelaire, Charles-Pierre 56
《보바리 부인 Madame Bovary》 92,147,156
보세노 Bosséno, C. M. 24,171
《보스톤에서 온 교살자 The Boston Strangler》 109
보재지 Borzage, Frank 31,138,193

부르제 Bourget, Jean-Loup 71, 184,188,193
《부재의 수사들 Figures de l'absence》 95
《부활절 행진 Easter Parade》 161
《북경의 55일 55 Days at Peking》 176
《북북서로 진로를 돌려라 North by Northwest》 37,60,93,106,110, 111,156,192
《분노 Fury》 196,197,198
《불덩어리 Ball of Fire》 29
《불명예 Dishonored》 37
브람 Brahm, John 121
브래켓 Brackett 78
브랜도 Brando, Marlon 83
브레히트 Brecht, Bertolt 20
브룩스 Brooks, Mel 41,44,56
브르통 Breton, André 47
《브리가둔 Brigadoon》 161
《블랙 유머집 L'Anthologie de l'humour noir》 47
블랙턴 Blackton, James Stuart 17
《블루 가드니아 Blue Gardenia》 197,199
《비소와 낡은 레이스 Arsenic and Old Lace》 54,67
《빅 슬립 The Big Sleep》 65,69, 156
《빅 히트 The Big Heat》 199
《사기꾼 The Cheat》 72
《사느냐 죽느냐 To Be or Not to Be》 69,76,78,124

《사랑은 비를 타고 Singin' in the Rain》 34,124,125,161,166
사로얀 Saroyan, William 142
《사브리나 Sabrina》 39
《사이코 Psycho》 105
《사형대의 엘리베이터 Ascenseur pour l'échafaud》 157
《살인 The Killing》 103,127
《삶의 구상 Design for Living》 74,191
《상하이에서 온 여인 The Lady from Shanghai》 131,204
《상하이 특급 Shanghai Express》 70,88
《새 The Birds》 111,156
샌더스 Sanders, George 186
《서부의 사나이 Man of the West》 93
《서부 전선 이상 없다 All Quiet on the Western Front》 145
《서커스 The Circus》 48
《서크 Sirk》 193
서크 Sirk, Douglas 31,193
《선셋 대로 Sunset Boulevard》 125,141
설리번 Sullavan, M. 53
세네트 Sennett, Mack 20,43,44,45, 63
《세 아내에게 보내는 편지 A Letter to Three Wives》 97, 133
《세인트 루이스에서 만나요 Meet Me in Saint Louis》 34,103,147,

161
《세 친구 Three Comrades》 139, 147
셀즈닉 Selznick, David Oliver 19,92,98,145,148,149,175,177
《셋업 The Set-Up》 27
《속임수 Monkey Business》 54
《수사 Figura》 59
《쉰들러 리스트 Schindler's List》 180,214
슈워제네거 Schwarzenegger, Arnold 84
슈타이너 Steiner, Max 153,154,156
슈트로하임 Stroheim, Erich von 32,63,70,103,175,179
슐레진저 Schlesinger, Leon 35
《스카페이스 Scarface》 29
스코시즈 Scorsese, Martin 177
《스타워즈 Star Wars》 23,40
《스타 탄생 A Star is Born》 150
스탈 Stahl, John M. 31,193
스터지스 Sturges, Preston 38,68, 191
스턴버그 Sternberg, Josef von 70,103,144
스테이저 Staiger, J. 33
스탤론 Stallone, Sylvester 84
스튜어트 Stewart, James 17,37,90, 91,93,106,110,115,128,187
스트라스버그 Strasberg, Lee 83
스티븐스 Stevens, George 19,43
스틸러 Stiller, Mauritz 20
《스파타커스 Spartacus》 28

스필버그 Spielberg, Steven 40, 172,180,204
《시계 The Clock》 176
시나트라 Sinatra, Frank 195
시드니 Sidney, George 160
시드니 Sidney, Sylvia 196
시먼트 Ciment, Michel 131,132, 139,143
시몽 Simon, Jean-Paul 47,48
시몽 Simon, Michel 196
《시민 케인 Citizen Kane》 128, 129,130,131,134
시옹 Chion, Michel 117,133
시외스트룀 Sjöström, Victor 20
《시인의 피 Sang d'un poète》 70
《실비아 스칼렛 Sylvia Scarlett》 96,147
《실크 스타킹 Silk Stockings》 96, 161
《십계 The Ten Commandments》 178
《씨네막시옹 CinémAction》 101
《아가씨와 건달들 Guys and Dolls》 37
《아기 돼지 삼형제 The Three Little Pigs》 20
《아기 양육 Bringing up baby》 37, 46,54,,93,186
《아담의 갈비뼈 Adam's rib》 53
아르토 Artaud, Antonin 47
아망귀알 Amengual, Barthelemy 101
《아메리칸 매드니스 American

Madness》 55
아메치 Ameche, D. 128
아멧 Armat, Thomas 15
아부클 Arbuckle, Roscoe 72
아스테어 Astaire, Fred 89,90, 160,166
《아스팔트 정글 *The Asphalt Jungle*》 30,176,199
《아카딘 씨 *Mr. Arkadin*》 131
《안전 최후 *Safety last*》 49
안토니오니 Antonioni, Michelangelo 103
알트먼 Altman, Robert 177
《암캐 *La Chienne*》 196
《애니 *Annie*》 167
《애니여 총을 잡아라 *Annie Get Your Gun*》 161
앤드루스 Andrews, Dana 197,199, 200,
《앤 불린 *Anna Boleyn*》 75
앨런 Allen, Woody 44,56,68,177, 204
《야간통행자 *Dark passage*》 98, 199
《어느 날 밤에 생긴 일 *It Happened one Night*》 68
《어리석은 부인들 *Foolish Wives*》 179
《어페어 투 리멤버 *An Affair to Remember*》 37
《언제나 좋은 날씨 *It's Always Fair Weather*》 34
《언터처블 *The Untouchables*》 29

에드워즈 Edwards, Blake 44,56
에디슨 Edison, Thomas Alva 15, 16,17,102,158,169
에른스트 Ernst, Max 148
《에어포트 75 *Airport 75*》 177
《에어플레인 *Airplane*》 182
에이버리 Avery, Tex 35,191
에이브러햄 Abraham, Jim 56
에이젠슈테인 Eisenstein, Sergey Mikhaylovich 58,103
에이지 Agee, James 51,55,63
엔라이트 Enright, Ray 165
《엘리자베스 여왕 *Queen Elizabeth*》 17,170
《여인들 *Dames*》 67,165
《연극과 그 분신 *Le Théâtre et son double*》 47
《연인 프라이데이 *His girl Friday*》 68,176
《열차의 이방인 *Strangers on a Train*》 106,112,114
《영화의 음성 *La Voix au cinéma*》 117,
《영화 음악 *La Musique du film*》 154
《영화 읽기 *Lectures du film*》 26, 116,122
《영화 첫머리 자막 *Le Générique de film*》 28
《예상되는 영화: 스토리 *Le Cinma en Perspective: une histoire*》 25
《오디세이아 *Odyssey*》 118
《오셀로 *Othello*》 131

《오손 웰스 Orson Welles》 184
《오인된 사람 The wrong man》 106
오즈 야스지로 小津安二郎 103
《오즈의 마법사 The Wizard of Oz》 119
《오클라호마! Oklahoma!》 161
《오페라에서의 하룻밤 A Night at the Opera》 50
《온당한 의심 이상의 L'Invraisemblable Vérité》 197, 198
《온 더 타운 On the Town》 103, 161,162,164
《온 동네가 수군수군 The Whole Town's Talking》 37
올드리치 Aldrich, Robert 86
와이만 Wyman, J. 123
와인버그 Weinberg 72
와일더 Wilder, Billy 39,55
와일러 Wyler, William 78,126,191
왱거 Wanger, Walter 19
《욕망 Desire》 37
《욜란다와 도둑 Yolanda and the Thief》 34
《용서받지 못한 자 Unforgiven》 203
우드 Wood, Sam 147
워너 Warner, Jack Leonard 66
워크먼 Workman, Huck 171
《워터프론트 On the Waterfront》 29
월리스 Wallis, Hal Brent 19,72

워커 Walker, R. 114
월터스 Walters, Charles 37,160
웨스트 West, Nathanael 143
《웨스트 사이드 스토리 West Side Story》 164
웨인 Wayne, John 93
웰먼 Wellman, William 37,150
웰스 Welles, Orson 32,58,70,128, 129,131,134,146,156,183,184
《위대한 독재자 The Great Dictator》 50
《위대한 앰버슨 가 The Magnificent Ambersons》 70, 131,183
《위즈 The Wiz》 167
윌리엄스 Williams, John 157
《유성 영화용 새 미학 법칙 준비에 이용되어야 할 일반적인 원칙들 Principes généraux devant servir à la préparation d'un nouveau code éthique pour le cinéma parlant》 187
《의혹 Suspicion》 106,183
《의혹의 그림자 Shadow of a Doubt》 106
《이것이 엔터테인먼트야 That's Entertainment》 163
《이방인의 집 House of Strangers》 132
《이브의 모든 것 All about Eve》 134,186
이스트우드 Eastwood, Clint 40
이웰 Ewell, Tommy 55

《이유 없는 반항 Rebel Without a Cause》 193
《이중 배상 Double Indemnity》 30,126
《이창 Rear Window》 90,97,103, 110,115
《익살극 혹은 크림타르트의 교훈 Le Burlesque, ou Morale de la tarte à la crème》 45
《인간의 욕망 Human Desire》 197
《인기 배우들 Les Stars》 87
인스 Ince, Thomas Harper 138
《일곱 번의 기회 Seven chances》 50
《일곱번째 하늘 Seventh Heaven》 193
《일출 Sunrise》 181,192,193
잉그럼 Ingram, Rex 171,188
《자니 기타 Johnny Guitar》 29,42
《작은 병정 Le Petit Soldat》 42
《작은 시저 Little Caesar》 29,66
《저주 받은 자 L'Envoûté》 148
《전쟁과 평화 War and Peace》 145
《정복자의 힘 Eugénie Grandet》 188
젠 Jenn, Pierre 57,125,185
《젠다 성의 포로 The Prisoner of Zenda》 150
《존 도우를 만나라 Meet John Doe》 67,97
존스 Jones, Chuck 35
존스 Jones, Jennifer 92
《죄와 벌 Prestupleniye i Nakazaniye》 149
주네트 Genette, Gérard 60
《주말 Week-end》 42
주커 Zucker, David 56
주커 Zucker, Jerry 56
주커 Zukor, Adolph 16,17,18,24,81, 170
《죽도록 키스를 Kiss Me Deadly》 86,205
《중국 여인 La Chinoise》 42
《쥬라기 공원 Jurassic Park》 23
《즐거운 과부 The Merry Widow》 164
《지난 여름 갑자기 Suddenly Last Summer》 122,135
《지상 최대 작전 The Longest Day》 172
《지옥의 묵시록 Apocalypse Now》 180
《지지 Gigi》 161
《지하 세계 Underworld》 29
《진홍의 거리 Scarlet Street》 196, 197
《진홍의 여왕 The Scarlet Empress》 37
《찢어진 커튼 Torn Curtain》 112, 116
《창가의 여인 The Woman in the Window》 197,198,200
채리스 Charisse, Cyd 96
채플린 Chaplin, Charlie 19,20,32, 44,48,49,51,60,71,82,188,190
챈들러 Chandler, Raymond 99,

126,142
《천국은 기다려 준다 Heaven Can Wait》 128
《천국의 문 Heaven's Gate》 23, 180
《천사 Angel》 37,75,78,88
《천사만이 날개를 가졌다 Only Angels Have Wings》 37
《최후의 대군(大君) The Last Tycoon》 141
치미노 Cimino, Michael 180
《카바레 Cabaret》 166
《카사블랑카 Casablanca》 66
《카이에 뒤 시네마 Cahiers du Cinéma》 46,70,74,209
카잔 Kazan, Elia 83
《카지노 Casino》 136
《카튼 클럽 The Cotton Club》 29
카프라 Capra, Frank 18,19,20,38, 43,44,54,67,68,127,194,205
《칼리가리 박사의 밀실 Das Kabinett des Dr. Caligari》 118
《칼리토 Carlito's Way》 136,204
캐그니 Cagney 19
《캣피플 Cat People》 35
커티즈 Curtiz, Michael 37,38,66
케인 Cain, James 142
켈리 Kelly, Gene 34,160,162,166
켈리 Kelly, Grace 67,91,110,124
《코러스라인 A Chorus Line》 167
코른골트 Korngold, Erich Wolfgang 153

코엔 형제 Coen, Joel & Ethan 125,142,205
코튼 Cotten, J. 107
코폴라 Coppola, Francis Ford 29, 172,180,204
콕토 Cocteau, Jean 70
콘래드 Conrad, Joseph 129
콘트 Conte, R. 132,199
콜버트 Colbert, Clodet 68
콤든 Comden, Betty 163
콰인 Quine, R. 150
쿠더 Cooder, Ry 157
쿠르소동 Coursodon, J. -P. 66
《쿠오바디스 Quo Vadis》 145
쿠커 Cukor, George 53,147,150,177
쿠퍼 Cooper, Gary 53,93,97,196
큐브릭 Kubrick, Stanley 180
크랄 Kràl, Petr 45,47
《클레오파트라 Cleopatra》 37,147, 176,178
클리프트 Clift, Montgomery 83, 135
키드 Kidd, Michael 160
키턴 Keaton, Buster 44,49
《타워링 인퍼노 The Towering Inferno》 177
타티 Tati, Jacques 46,103
탈버그 Thalberg, Irving G. 141, 179
《탐욕 Greed》 144,179
《태양의 제국 Empire of the Sun》 180
터라 Tura, Maria 76

《터미네이터 The Terminator》 40
《테스 Tess of the d'Ubervilles》 188
테일러 Taylor, Elizabeth 135
토드 Todd, R. 123
투르뇌르 Tourneur, Jacques 35
트레이시 Tracy, Spencer 54,196, 198
트뤼포 Truffaut, François 74,78, 107,108,109,113,123,137,149
티어니 Tierney, Gene 95,199
티옴킨 Tiomkin, Dimitri 153
《파괴공작원 Saboteur》 111,125
《파라오의 땅 Land of the Pharaohs》 176
《파리의 아메리카인 An American in Paris》 34,166,185
《파리의 여인 A Woman of Paris》 60,71,72,188
《파리, 텍사스 Paris, Texas》 157
파웰 Powell, Eleanor 160
《파자마 게임 The Pajama Game》 165
파치노 Pacino, Al 83
파커 Parker, Dorothy 142
《팜 비치 스토리 The Palm Beach Story》 191
패럴 Farrell, Ch. 193
패스터낵 Pasternak, Joe 160
팬트 Fante, John 142,143
《퍼펙트 월드 A Perfect World》 136
《펄프 픽션 Pulp Fiction》 205

페어뱅크스 Fairbanks, Douglas 82
페킨파 Peckinpah, Sam 40
펠리니 Fellini, Federico 103
《편협 Intolerance》 63,142,170,178
포드 Ford, Harrison 84
포드 Ford, John 19,37,146
《포세이돈 어드벤처 The Poseidon Adventure》 177
포스 Fosse, Bob 160,166,167
《포지티프 Positif》 18,209
포크너 Faulkner, William 142,147
포터 Porter, Cole 163
포터 Porter, Edwin Stanton 102, 150
《폭풍 속의 고아들 Orphans in the Storm》 63
폰테인 Fontaine, Joan 98
폭스 Fox, William 16
폰다 Fonda, Henry 106
《푸른 수염의 여덟번째 아내 Blue-beard's eighth wife》 53
《품에 안은 아기들 Babes in Arms》 161
《프랭크 보재지 Frank Borzage》 193
프레민저 Preminger, Otto. 20
프레슬리 Presley, Elvis 167
《프렌지 Frenzy》 61
프로이트 Freud, Sigmund 122
프리드 Freed, Arthur 34,160
플렁켓 Plunkett, Walter 92
플레밍 Fleming, Victor 177

플레이셔 Fleischer, Richard 109
플로베르 Flaubert, Gustave 92
피어슨 Pierson, Frank 150
《미치광이 피에로 Pierrot le Fou》 42
피츠제럴드 Fitzgerald, Francis Scott 139,141,142,147
픽퍼드 Pickford, Mary 82
《필라델피아 이야기 The Philadelphia Story》 28
필즈 Fields, W. C. 49
《하나, 둘, 셋 One, Two, Three》 39
하디 Hardy, Thomas 188
《하오의 연정 Love in the Afternoon》 39
《하이눈 High Noon》 58,155,186
하트 Hart, Lorenz 163
《할리우드 1927-1941 Hollywood 1927-1941》 143
《할리우드, 꿈의 공장 Hollywood, l'usine à rêves》 24,171
《할리우드의 대가? What Price Hollywood?》 150
《해적 The Pirate》 34,161
《행정부 수반 Executive Suite》 99
《허드서커 대리인 The Hudsucker Proxy》 125,205
허먼 Hermann, Bernard 129,156
허먼 Herman, Pee-wee 56
헉슬리 Huxley, Aldous 142

헌터 Hunter, Tony 89
헤드렌 Hedren, Tippi 110,111
헤이스 Hays, Will H. 72,74,191
헵번 Hepburn, Audrey 96
헵번 Hepburn, Katharine 96
《현기증 Vertigo》 63,106,111,123,156
《호수의 여인 Lady in the Lake》 99
호스트 Jost 50,109,130
호턴 Horton, Edward Everett 86
호프먼 Hoffman, Dustin 83
혹스 Hawks, Howard 37,46,54,68,147,176
홀든 Holden, William 125,141
《화니 페이스 Funny Face》 96
《황금팔을 가진 사나이 The Man with the Golden Arm》 157,195
《황야의 7인 The Magnificent Seven》 150
《황야의 결투 My Darling Clementine》 26,155
《회전목마 Merry-go-round》 179
휴스턴 Huston, John 146,176
《히로시마 내 사랑 Hiroshima mon amour》 118
히치콕 Hitchcock, Alfred 32,60,67,73,76,91,98,100,104,105,107,108,109,111,112,113,114,115,116,122,123,124,125,127,133,137,146,148,149,150,156,183,186,202

최은영
단국대학교 불어불문학과 졸업
서강대학교 대학원 졸업
역서:《이성의 한가운데에서》(東文選)
　　《철학 연습》(東文選)

**현대신서
155**

고전 할리우드 영화

초판 발행 : 2004년 4월 25일

지은이 : 자클린 나카시
옮긴이 : 최은영
총편집 : 韓仁淑
펴낸곳 : 東文選
제10-64호, 78. 12. 16 등록
110-300 서울 종로구 관훈동 74
전화 : 737-2795

편집설계 : 朴 月

ISBN 89-8038-453-X 94680
ISBN 89-8038-050-X (세트/현대신서)

東文選 現代新書 9

텔레비전에 대하여

피에르 부르디외

현택수 옮김

텔레비전으로 방송된 이 두 개의 콜레주 드 프랑스에서의 강의는 명쾌하고 종합적인 형태로 텔레비전 분석을 소개하고 있다. 첫번째 강의는 텔레비전이라는 작은 화면에 가해지는 보이지 않는 검열의 메커니즘을 보여 주고, 텔레비전의 영상과 담론의 인위적 구조를 만드는 비밀들을 보여 주고 있다. 두번째 강의는 저널리즘계의 영상과 담론을 지배하고 있는 텔레비전이 어떻게 서로 다른 영역인 예술·문학·철학·정치·과학의 기능을 깊게 변화시키는지를 설명하고 있다. 이러한 현상은 시청률의 논리를 도입하여 상업성과 대중 선동적 여론의 요구에 복종한 결과이다.

이 책은 프랑스에서 출판되자마자 논쟁거리가 되면서, 1년도 채 안 되어 10만 부 이상 팔려 나가 베스트셀러 리스트에 오르고, 세계 각국에서 번역되어 읽혀지고 있는 피에르 부르디외의 최근 대표작 중 하나이다. 인문사회과학 서적으로서 보기 드문 이같은 성공은, 프랑스 및 세계 주요국의 지적 풍토를 말해 주고 있다. 이처럼 이 책이 독자 대중의 폭발적인 반응과 기자 및 지식인들의 지속적인 반향을 불러일으키는 이유는, 세계적으로 잘 알려진 그의 학자적·사회적 명성 때문이기도 하지만 무엇보다도 언론계 기자·지식인·교양 대중들 모두가 관심을 가질 만한 논쟁적인 내용을 담고 있기 때문이다.

東文選 現代新書 85

역사적 관점에서 본 시네마

장 루이 로트라 (파리3대학교수)
곽노경 옮김

　영화는 한 세기 전부터 존재했다. 그후로 점차 증가한 수많은 관객들이 요금을 지불하고 영화관에서 스크린을 통해 움직이는 영상을 감상했다. 1백 년 전부터 여러 개성 있는 인물들이 시간·열정·재능, 때로는 그 이상을 바쳐 상품이 아닌 작품을 '창조'하거나 '제작'했다. 이런 작품들은 평면에 투영된 광속과 여러 스피커에 의해서만 효과를 발하는 특성을 지녔다. 한 세기 전부터 수많은 영화들이 상영되기도 했지만 반대로 많은 영화들이 상영되지도 못한 채 영원히 사라졌다. 이런 사실로 인해 다음과 같은 질문을 필연적으로 던지게 된다: 어떤 역사를 만들 것인가? 무엇에 대한 이야기를 할까? 제작 시스템에 대해서? 영화관에 대해? 관객의 견해에 대하여? 영화와 사회의 연관성에 대한 것을 할까? 이런 영화에서 추구한 이데올로기에 대한 이야기를 할까? '효율적인 실무'에 대해? 그렇다면 어떤 것을 해야 할까? 편집일까? 조명일까? 시나리오일까? 등등.

　이 책은 전형적인 20세기 예술인 영화 역사의 이야기로서 움직임, 빛과 어둠에 대해 기록하고 있다. 이 책은 세기의 정책적 분쟁 속에서 만들어진 영화, 미학적 형태와 영화의 육체라는 세 관점에 따라 이루어졌다. 이 저서가 목표에 가장 가까이 다가가기 위해 제시한 것이 바로 이런 세 가지 접근이다. 그것을 통해서 영화와 그 역사는 변화하며 살아 숨쉬는 재료로 보여지고 있다.

東文選 現代新書 92

현대연극미학

마리-안 샤르보니에
홍지화 옮김

 연극은 재현을 통해 세상을 표현하려 한다. 그렇다면 재현이란 무엇인가? 극작가가 완벽한 환각을 유발하기 위해 눈앞에 보이는 자연이나 사회·역사적 현실을 충실히 모방하려는 계획을 세우는 것인가? 그렇지 않으면 세계를 픽션에 종속시켜 두고 픽션은 현실이 아니며, 무대는 거울이 아니라는 사실을 끊임없이 환기시키는 것인가? 사실 거울의 투명성은 세상의 투명성과 견주어지기도 한다. 결국 연극의 첫번째 기능은 관객으로 하여금 배우를 통해서 자기 자신을 인지하도록 하는 것이 아닌가?
 20세기의 다양한 연극 실험들 가운데서 새로운 현대 연극미학을 정의 내릴 수 있는 공동 노선이 존재할까?
 이 질문에 답하기 위해, 이 책은 다음과 같이 구성된다.
 • 아리스토텔레스로부터 오늘에 이르기까지 연극사의 주요 흐름을 되짚어 본다.
 • 주요 경향들의 독창성을 정의 내린다.
 • 그들의 대중적인 성공이나 실패 원인을 분석해 본다.
 • 수많은 예를 통해 알프레드 자리·클로델·아르토·메이에르홀트·브레히트 등을 조명해 본다. 이를 통해 무대가 현실에 복종하는 것을 점진적으로 거부함으로써 과거와는 반대되는 현대성에 대한 기정 방침이 표현된다.

東文選 現代新書 102

글렌 굴드, 피아노 솔로

미셸 슈나이더

이창실 옮김

　캐나다 태생의 전설적인 피아니스트 글렌 굴드에 관한 전기
　정상에 오른 32세 나이에 무대를 완전히 떠났으며, 결혼도 하지 않고, 50세라는 길지 않은 생을 살았던 천재적인 피아니스트 글렌 굴드에 관한 전기나 책들이 외국에서는 이미 많이 나왔으나 국내에는 처음으로 번역 소개되었다.
　삐걱거리는 의자, 몸을 흔들며 끙끙대는 신음, 흥얼대는 노래, 다양한 음색, 질주하는 템포, 악보를 무시하는 해석, ……독특한 개성으로 많은 음악애호가들의 사랑을 받아 왔던 글렌 굴드의 무대 경력은 불과 9년에 불과했다. 30세가 되면 연주회를 그만두겠다고 밝힌 바 있었으며, 32세에 이를 실행하였다. 50세에는 녹음을 그만두겠다고 했다가 50세가 되던 다음 다음날 임종했다. 짧다면 짧고 단순하다면 단순하다고 할 수 있는 이 연주가에 대해 한 편의 전기를 쓰는 일이 결코 쉬운 일이 아니었을 것이나, 여기서 저자는 통상적인 전기물의 관례를 깨뜨린 채 인물의 내면으로 곧장 빠져 들어감으로써 보다 강렬한 진실을 열어 보이는, 예기치 못한 방법으로 그의 삶과 예술 세계를 조명하고 있다. 그리하여 그동안 그의 음악을 들어 오던 독자들로 하여금 평소에 생각했던 점들이 너무도 또렷한 언어들로 구현되고 있다는 느낌을 떨쳐 버릴 수 없도록 해주고 있다. 굴드의 연주에 대한 날카로운 분석은 물론 그런 연주와 밀접하게 얽혀 있는 한 삶에 대한 저자의 이해와 긴 명상에 동참하는 기쁨을 누리게 해준다.

東文選 現代新書 149

시네마토그래프에 대한 단상

로베르 브레송
오일환 · 김경온 옮김

"이 단어들은 치열한 실험을 거듭하는 한 영화 감독의 일기장 속 메모들 그 이상이다. 이 단어들은 상처투성이이다. 고통의 표시들, 보석들이다. 우리의 밤 속에서(스크린에 불이 들어오기 위해서 필연적으로 와야 하는 창조의 밤) 이 단어들은 별처럼 빛난다. 우리에게 단순하면서도 험난하기 그지없는 길, 완벽을 향해 가는 길을 가리키는 별처럼 빛난다."

르 클레지오

로베르 브레송은 1907년 9월 25일 프랑스의 퓌드돔에서 태어났다. 파리 근교의 라카날 중·고등학교에서 수학하였고, 미술에 입문한 후 영화계로 진출했다. 1943년 첫 장편 영화 《타락한 천사들》을 연출했으며, 이 작품은 소설가 장 지로두가 대사를 썼다. 1945년, 브레송은 디드로의 소설 《운명론자 자크》의 한 구절에서 영감을 받아, 장편 영화 《불로뉴 숲의 여인들》을 연출했다. 이 작품은 초현실주의 시인이자 전방위의 만능 예술가였던 장 콕토가 대사를 썼다. 또 1951년에는 베르나노스의 《어느 시골 사제의 일기》, 1969년에는 도스토예프스키의 《다정한 여인》, 1971년에는 《몽상가의 나흘 밤》(도스토예프스키) 등의 소설을 각색하여 연출했다. 로베르 브레송은 극적 효과가 제거된 정제된 연출 스타일로 오늘날까지 영화사의 고전으로 평가받는 수많은 작품을 남긴 감독이다. 《사형수의 탈주》(1956), 《소매치기》(1959), 《잔 다르크의 재판》(1962), 《당나귀 발타자르》(1966), 《무셰트》(1967), 《호숫가의 랑슬로》(1974), 《아마도 악마일 거야》(1976), 《돈》(1983) 등의 작품이 있으며, 1999년에 사망하였다.

東文選 文藝新書 165

영화서술학

앙드레 고드로/프랑수아 조스트

송지연 옮김

　유성 영화와 무성 영화에는 어떤 유사성이 있을까? 탐정 영화와 코미디 영화 사이에, 카르네와 고다르 사이에는 어떤 유사성이 있을까? 유사성은 아무것도 없다. 각자가 나름의 방식으로 '서술'하고자 한다는 사실 외에는.
　본서는 다음과 같은 본질적인 질문들에 대해 답하는 것을 목표로 한다.
　— 구두 서술 행위나 문자 서술 행위에서 시청각적 서술 행위로의 이동은 어떻게 이루어지는가? 어떻게 언어적으로 서술하는 행위로부터 보여 주면서 서술하는 행위로 이행되는가?
　— 서술의 영상화란 무엇인가?
　— 누가 영화를 서술하는가?
　— 서술 영화에서 영상과 음향의 위상은 무엇인가? 객관적 예시인가? 누가 영화의 영상을 보는가?
　영화의 다양성을 분석하기 위해서는, 모든 '영화 서술'에 공통적인 것을 이해해야 한다. 이 책은 서술학의 핵심 개념, 특히 서술자·시간·시점의 개념을 방법적으로 소개함으로써 영화 서술의 공통점을 밝히고 있다. 서술에 대한 연구로 유명한 두 공저자는 서로 다른 시대·장르·작가에서 선택한 수많은 예를 인용하면서, 최근의 이론적 성과를 구체적으로 적용하고 있다.
　프랑수아 조스트는 소르본누벨대학교 커뮤니케이션학과 과장이며, 앙드레 고드로는 몬트리올대학교 예술사학과 교수로서 영화연구 분과를 책임지고 있다.

東文選 文藝新書 227

영화의 이론

벨라 발라즈
이형식 옮김

　발라즈의 《영화의 이론》은 현대라는 시점에서 읽어도 그 시각의 참신함이 신선한 충격으로 다가올 정도로 영화 예술의 중요한 포인트들을 짚어내고 있는 책이다. 이 책에서 특히 인상적인 부분은 무성 영화가 인간의 얼굴을 다시 발견하고 클로즈업을 통해 얼굴 표정이 창조할 수 있는 표현력을 극대화할 수 있었던 과정들을 당시 영화의 예를 들어 상세하게 설명하고 있는 장이다. 그는 인쇄 문명에 의해 주변으로 밀려났던 인간의 얼굴에 대한 관심이 무성 영화의 도래로 인해 다시 회복되었다고 하면서, 특히 클로즈업을 통해 표현할 수 있는 미세한 표정의 변화를 어떤 예술에서도 볼 수 없는 영화만의 표현 수단으로 보고 있다. 그는 이처럼 인간의 얼굴에 대한 감수성을 높이고 시각 문화를 발전시키던 무성 영화의 업적이 발성 영화의 도래로 인해 파괴되었음을 안타깝게 생각한다. 이 책은 발성 영화가 무성 영화 시대에 이룩했던 시각적 표현 수단을 회복하기를 바라는 그의 기대가 오늘날 얼마나 성취되었을까를 다시 생각하게 만든다.

東文選 文藝新書 244

영화와 회화
— 탈배치

파스칼 보니체
홍지화 옮김

　우리는 영화와 회화 사이의 덜 분명하지만 보다 확실하고 보다 비밀스러운 관계를 조명하고자 한다. 영화는 예술적인 문제들과 만나게 되거나, 회화가 다르게 다루었던 효과들을 나름의 목적에 이용할 것이다. 회화의 고정성과 영화 이미지의 유동성으로 인해 영화와 회화가 반드시 단절되는 것은 아니다. 왜냐하면 영화는 나름대로 고정된 이미지와 연관되고, 회화도 움직임과 연관되기 때문이다.

　영화와 회화에 바쳐진 이 텍스트 모음집에서 파스칼 보니체는 현대 예술의 변모——마네부터 포토리얼리즘에 이르기까지——를 통해 회화에 대한 영화·카메라·스크린·움직임의 영향을 분석한다. 또한 회화의 쪽 단위로 조판하는 정판의, 정태적인 프레임의, 게다가 현대 회화의 폭력적인 제스처의 몇몇 영화인들에 대한 상호 영향을 분석한다. 두 가지 전제들이 이 책에서 시험된다. 이를테면 회화가 극예술에도 속한다는 것, 그리고 영화는 몇몇 경우에 산업이 그에게 부과하는 서술적 운명을 피하려 한다는 것이다. 두번째의 경우는 고다르 혹은 안토니오니가 증명하는 것처럼 현대 회화의 모델에 따라 추상적인 서정주의에 도달하기 위한 것이다.

東文選 文藝新書 186

각색, 연극에서 영화로

앙드레 엘보 / 이선형 옮김

본 저서는 공증된 사실을 출발점으로 삼고 있다. 관객은 어두운 객석에서 무대를 바라보며 낯선 망설임과 대면한다. 무대막과 스크린은 만남과 동시에 분열을 이끌어 낸다. 무대 이미지와 영화 영상은 분명 동일한 딜레마를 제시하지는 않는다. (나쁜) 장르 혹은 (정말 악의적인) 텍스트의 존재를 믿는다면, 물음의 성질은 달라질 것이다. 공연의 방법들은 포착·기호 체계·전환·전이·변신이라는 이름의 몸짓으로 말하고, 조우하고, 돌진하고, 위장한다.

과연 이러한 관계의 과정을 통해 각색에 대한 총칭적인 컨셉트를 정의내릴 수 있을까? 각색의 대상들·도구들·모순들·기능들, 그리고 그 메커니즘은 무엇이란 말인가?

기호학적 영감을 받은 방법적인 수단은 문제를 명확하게 표명한다. 이 수단은 실제적인 글읽기를 통해 로렌스 올리비에와 파트리스 셰로의 《햄릿》, 베케트가 동의하여 필름에 담은 《고도를 기다리며》, 그 외의 여러 작품에 대한 실제적인 글읽기에서 잘 드러난다.

기호학자인 앙드레 엘보는 현재 브뤼셀 자유대학교 인문대학 교수로 재직중이다. 그는 연극 기호학 센터 소장을 역임하고, 여러 국제공연기호학회에서 활발하게 활동하고 있다. 그의 저서 《공연 기호학》·《말과 몸짓》 등은 기호학적 방법론을 바탕으로 한 공연 예술에 관한 연구이다. 그런데 엘보의 연구가 후반으로 들어서면서 오페라 및 퍼포먼스와 같은 전체 공연 예술로 그 지평을 넓혀 가고 있음은 매우 흥미로운 일이다. 공연 예술 전반에 대한 기호학적인 연구를 통해 궁극적으로 영상 예술과의 조우를 꾀하고 있기 때문이다. 본 저서 《각색, 연극에서 영화로》는 바로 이러한 전환점을 잘 보여 주는 하나의 결과물이라고 하겠다.

東文選 文藝新書 182

이미지의 힘
— 영상과 섹슈얼리티

아네트 쿤 / 이형식 옮김

이 책은 포르노그라피의 미학과 전략, 그리고 그것을 소비하는 관람자의 욕망과 심리분석에서 탁월한 통찰력을 보여 준다. 남모르게 찍힌 듯이 제시된 사진이 어떻게 관음증적인 욕망을 부추기는지, 초대하는 시선이 어떻게 죄책감을 상쇄하는지, 하드코어에서는 왜 육체가 파편화될 수밖에 없는지의 문제는 요즘처럼 인터넷에서 포르노사이트가 범람하고, 거의 모든 광고에서 포르노그라피의 전략들이 채택되고 있는 오늘날의 이미지를 분석적인 시선으로 이해하는 데 많은 도움을 줄 것이다.

이 도발적인 글 모음에서 아네트 쿤은 다양한 영화와 스틸 사진을 분석하고 있다. 쿤은 문화적으로 지배적인 이미지와 그것의 작용 방식에 대해 탐색하며 의견을 개진한다. 기호학과 마르크스주의-페미니스트 분석, 문화 연구와 역사적 방법을 아우르면서 쿤은 시각적 재현과 섹슈얼리티, 성적인 차이, 여성성과 남성성이 어떻게 구축되는가, 도덕성과 재현 가능성의 개념이 어떻게 실제 이미지를 통해 생산되는가를 둘러싼 문제를 연구한다.

삽화가 들어 있는 이 책에는 여자의 '글래머' 사진과 '다큐멘터리' 사진, 포르노그라피, 할리우드 영화의 하나의 주제로서 복장전도에 관한 글들이 포함되어 있다. 이 책은 또한 검열과 하워드 혹스의 〈빅 슬립〉을 논의하고, 무성 영화 시대에 성행했던 장르—— '건강 선전 영화' ——에서 도덕성과 섹슈얼리티 구축 문제를 다루고 있다.

아네트 쿤은 영화 이론, 영화사, 그리고 페미니즘과 재현에 대한 글을 널리 발표했다. 그녀는 현재 글래스고대학교에서 영화와 텔레비전을 강의하고 있으며, 《스크린》지의 편집자이다.

東文選 文藝新書 188

하드 바디
— 레이건시대 할리우드 영화에 나타난 남성성

수잔 제퍼드
이형식 옮김

《하드 바디》는 어떻게 해서 강인한 몸을 가진 남성 주인공들이 화면을 채우게 되었는가를 통찰력 있게 보여 주는 저서이다. 람보, 터미네이터, 존 매클레인, 로보캅과 같은 하드 바디 남성들은 미국을 공격하는 국내와 국외의 적들에게 미국의 강인함을 몸으로 보여 준다. 하드 바디는 레이건 정부가 악마로 규정했던 소련을 비롯하여 외국 테러리스트와 외국 경제력의 위협으로부터 미국을 지켜내며, 국내적으로는 마약 사범과 동성애자 등 미국의 전통적인 가치를 위협하는 소프트 바디를 처단한다.

'문화제국주의'의 첨병 역할을 하는 영화는 가장 민감하게 시대의 정신을 반영하는 매체 중 하나이다. 어느 특정 시대에 어떠한 영화 장르가 인기를 끄는 것은, 그 장르가 그 시대 사람들의 집단적인 욕망을 충족시키고 그들의 열망을 효과적으로 반영하기 때문이다. 한때 가장 미국적인 영화 장르였던 서부 영화의 흥망성쇠를 추적해 보면 이것을 잘 알 수 있다.

1980년대는 많은 면에서 1950년대와 유사점을 공유하고 있다. 아이젠하워가 통치한 8년간의 극우 보수적 분위기, 냉전 체제의 고착과 매카시즘, 그리고 한편으로는 경제적인 안정과 베이비 붐 세대의 부상, 핵가족에 근거한 전통적인 미국적인 가치의 찬양 등의 1950년대의 현상은 1981년에 취임한 레이건이 돌아가고자 했던 사회였다. 민권 운동, 페미니즘, 청년들의 반문화 운동, 베트남 전쟁 등이 전통적 백인 남성 위주의 사회 질서에 도전을 가하기 전의 평온하고 목가적인 소도시 미국 사회로 돌아가기를 원했던 것이다. 이러한 열망은 1980년대에 등장한 1950년대를 다룬 영화들로 표현되었다. 레이건은 베트남 전쟁의 패배로 만신창이가 된 미국의 자존심 또한 다시 일으켜 세우고 싶었고, 판타지 속에서나마 승리를 거두고 싶었던 열망은 《람보》를 비롯한 자위적인 영화로 표현되었다. 이들 영화의 성공은 승리하는 미국의 이미지에 미국 국민들이 얼마나 굶주려 있었는지, 이것을 80년대의 영화들이 어떻게 충족시켜 주었는지 보여 준다. 아이젠하워처럼 레이건도 두 번의 임기 동안 재임했고, 그 자리를 아들 격인 부시에게 넘겨 주었다.

東文選 文藝新書 189

영화의 환상성

장 루이 뢰트라 / 김경온 · 오일환 옮김

　영화는 발생 초기부터 환상성이라는 테마를 집요하게 다루어 왔다. 단지 환상성의 개념이 생각만큼 일관되고 통합된 모습을 드러내지 않았을 뿐이었다. 영화적 기계 장치는 실재 현실과 그 모사들을 재료로 취해 유희했다. 실재 현실과 그 모사의 결합을 그리는 일은 흥미롭지만 무모한 시도였다.

　그러나 제7의 예술 영화는 이 모호한 영역에 접근할 때에만 진정한 정체성을 소유할 수 있다. 이 좁은 변방 지역에는 모순된 내면을 가진 피조물들이 가득 차 있다. 유령들, 캣우먼들, 괴물로 변신하고 있는 박사들이 그들이다. 이 책은 영화의 환상성을 구현한 영화 작품들을 나선의 움직임 속에서 포착한다. 《안달루시아의 개》와 《지난해 마리앵바드에서》가 이 책의 출발과 결말, 두 극점에 각각 자리잡고 있는 가운데 그동안 파묻혔던 판타스틱 공포영화들을 소생시키는 소용돌이의 흐름이 두 극점 사이에서 일어난다. 그래서 인생과 영화의 판타스틱 코드를 통찰한 제작자 발 루턴의 감독들인 자크 투르뇌르 · 로버트 와이즈 · 마크 로브슨의 작품들이 되살아나고, 그리고 마리오 바바의 작품들, 잭 클레이턴의 《순수한 자들》, 무르나우의 《노스페라투》, 카를 테오도르 드라이어의 《흡혈귀》 같은 옛 작품들, 또 《여방문객》 · 《꿀벌통의 정령》 · 《노란 집의 추억》 속의 비밀에 싸인 주인공들이 되살아난다. 결국 이 책은 영화와 시간의 관계, 영화의 멜랑콜릭한 성격, 그리고 영화의 힘에 대해 이야기한다.

　장 루이 뢰트라는 프랑스 파리 3대학의 영화사와 영화미학 교수로 영화와 문학의 관계, 파롤과 이미지성의 힘 등에 대한 강좌를 열고 있다. 영화에 관한 많은 논문 · 저서들 외에 소설가 쥘리앵 그라크에 대한 저술서도 발간했다.